【双色版】

五经

冯慧娟 ◎ 编

辽宁美术出版社

图书在版编目（CIP）数据

五经 / 冯慧娟编 . — 沈阳：辽宁美术出版社，2019.6

（众阅国学馆）

ISBN 978-7-5314-8375-5

Ⅰ．①五… Ⅱ．①冯… Ⅲ．①儒家②五经 Ⅳ．① B222.1 ② Z126.1

中国版本图书馆 CIP 数据核字 (2019) 第 117901 号

出 版 社：辽宁美术出版社
地　　址：沈阳市和平区民族北街 29 号　邮编：110001
发 行 者：辽宁美术出版社
印 刷 者：三河市燕春印务有限公司
开　　本：130mm×185mm 1/32
印　　张：5
字　　数：100 千字
出版时间：2019 年 6 月第 1 版
印刷时间：2019 年 6 月第 1 次印刷
责任编辑：王东星
装帧设计：新华智品
责任校对：郝　刚
ISBN 978-7-5314-8375-5

定　　价：25.00 元

邮购部电话：024-83833008
E-mail：lnmscbs@163.com
http：//www.lnmscbs.cn
图书如有印装质量问题请与出版部联系调换
出版部电话：024-23835227

　　《五经》是中国传统文化的重要组成部分，是中国儒家思想的经典著作，也是中国历史文化古籍中的传世宝典。

　　《五经》是儒家五本经典书籍的合称，相传它们都经过孔子的编辑或修改。儒家本有六经，秦始皇"焚书坑儒"使《乐经》失传，仅剩下《诗经》《尚书》《礼记》《周易》和《春秋》五本，汉武帝建元五年置五经博士，尊五书为经，始有五经之称。《诗经》是我国第一本诗歌总集，相传为孔子编定，汇集了从西周初年到春秋中期五百多年的诗歌305首，分"风"（土风歌谣）、"雅"（西周王畿的正声雅乐）、"颂"（宗庙祭祀的舞曲歌辞）三部分。此书广泛地反映了当时社会生活的各方面，被誉为古代社会的百科全书。《尚书》是我国最早的历史文献总集，相传也由孔子编定。它涉及的历史上自尧、舜，下至春秋时期的秦穆公，保存了不少具有很高历史和思想价值的史料。《礼记》是战国

五经

到秦汉年间儒家学者解释说明经书《仪礼》的文章选集，是一部儒家思想的资料汇编。《周易》是占卜之书，作者应是筮官，广泛记录了西周社会的各个方面。《春秋》是我国现存的第一部编年体史书，作者是鲁国历代史官，后经孔子编订，记事年代上起鲁隐公元年（前722年），下到鲁哀公十四年（前481年），内容包括王室档案、鲁史策书、诸侯国史等，文字简略，多寓褒贬，意在劝善惩恶。　　《五经》是千百年来历代读书人从事政治活动、文学创作的基础文本，是上至帝王将相、下至黎民百姓治国、修身、立德的根本依据，对中国乃至世界思想史都产生了深远影响，属于中华民族最为宝贵的文化遗产之一。本书选取了《五经》中最为经典的部分篇目，并对原文加以翻译，希望能为读者了解传统文化有所助益。

目录

五经

五经

诗经

国风·周南

关雎

【原文】

关关雎鸠，在河之洲。窈窕淑女，君子好逑。
参差荇菜，左右流之。窈窕淑女，寤寐求之。
求之不得，寤寐思服。悠哉悠哉，辗转反侧。
参差荇菜，左右采之。窈窕淑女，琴瑟友之。
参差荇菜，左右芼之。窈窕淑女，钟鼓乐之。

【译文】

呱呱鸣叫的水鸟，栖居河里沙洲上。貌美心好的姑娘，正是男儿好对象。

长短不齐的荇菜，姑娘左右采摘忙。貌美心好的姑娘，醒着睡着一直想。

全心想她得不到，醒着睡着都思量。真的很想念她啊，翻来覆去睡不着。

长短不齐的荇菜，姑娘左右采摘忙。貌美心好的姑娘，抚琴击瑟示意她。

长短不齐的荇菜，姑娘左右采摘忙。貌美心好的姑娘，鸣钟敲鼓取悦她。

卷耳

【原文】

采采卷耳，不盈顷筐。嗟我怀人，置彼周行。

陟彼崔嵬，我马虺隤。我姑
酌彼金罍，维以不永怀。

陟彼高冈，我马玄黄。我姑
酌彼兕觥，维以不永伤。

陟彼砠矣，我马瘏矣！我
仆痡矣，云何吁矣。

【译文】

采了很久卷耳菜，采了很久不
满筐。惦记我的意中人，我把竹筐搁路边。

骑马走上那高山，马儿累得病怏怏。只好饮下杯中
酒，醉酒使我不惆怅。

骑马爬上那高冈，马儿累得毛发黄。只好饮下杯中
酒，醉酒使我心不伤。

骑马登上那石岭，马儿累得体已伤。我的仆从已生
病，我该如何心不慌。

卷耳

桃夭

【原文】

桃之夭夭，灼灼其华。之子于归，宜其室家。
桃之夭夭，有蕡其实。之子于归，宜其家室。
桃之夭夭，其叶蓁蓁。之子于归，宜其家人。

【译文】

桃树枝繁叶茂，灿烂桃花开满树。妙龄女子出嫁了，
高兴地来到新家。

桃树枝繁叶茂，丰硕果实挂满树。妙龄女子出嫁了，
快乐地嫁到夫家。

桃树枝繁叶茂，浓密枝叶遮住树。妙龄女子出嫁了，幸福地住在婆家。

芣苢

【原文】

采采芣苢，薄言采之。采采芣苢，薄言有之。
采采芣苢，薄言掇之。采采芣苢，薄言捋之。
采采芣苢，薄言袺之。采采芣苢，薄言襭之。

【译文】

采呀采呀车前子，我们来采车前子。快些来采车前子，车前子呀快些采。

采呀采呀车前子，我们来拣车前子。快些来采车前子，车前子呀捋下来。

采呀采呀车前子，我们来装车前子。快些来采车前子，车前子呀兜起来。

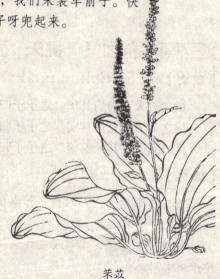

芣苢

鹊巢

【原文】

维鹊有巢，维鸠居之。之子于归，百两御之。
维鹊有巢，维鸠方之。之子于归，百两将之。
维鹊有巢，维鸠盈之。之子于归，百两成之。

【译文】

有只喜鹊在树梢垒个窝，却被飞来的布谷住上了。有位姑娘马上就要出嫁，派了一百辆大车来迎她。

有只喜鹊在树梢垒个窝，却被飞来的布谷占上了。有位姑娘马上就要出嫁，派了一百辆大车欢送她。

鹊巢

有只喜鹊在树梢垒个窝，却被飞来的布谷霸占了。有位姑娘马上就要出嫁，一百辆大车接她回夫家成亲了。

甘棠

【原文】

蔽芾甘棠，勿剪勿伐，召伯所茇。
蔽芾甘棠，勿剪勿败，召伯所憩。
蔽芾甘棠，勿剪勿拜，召伯所说。

茂盛的棠梨树啊，不要剪不要砍，曾是召伯居住的地方。

茂盛的棠梨树啊，不要剪不要毁，曾是召伯休息的地方。

茂盛的棠梨树啊，不要剪不要折，曾是召伯停歇的地方。

小星

【原文】:::

嘒彼小星，三五在东。肃肃宵征，夙夜在公。寔命不同！

嘒彼小星，维参与昴。肃肃宵征，抱衾与裯。寔命不犹！

【译文】:::

小星星亮晶晶，三三五五挂在天上。我匆匆忙忙地连夜出征，公务在身整天都在奔忙。是因为与别人命运不同！

小星星亮晶晶，参星昴星也在天上。我匆匆忙忙地连夜出征，带着自己的被褥与床帐。是因为与别人命运不同！

柏舟

【原文】

泛彼柏舟，亦泛其流。耿耿不寐，如有隐忧。
微我无酒，以敖以游。我心匪鉴，不可以茹。
亦有兄弟，不可以据。薄言往诉，逢彼之怒。
我心匪石，不可转也。我心匪席，不可卷也。
威仪棣棣，不可选也。忧心悄悄，愠于群小。
觏闵既多，受侮不少。静言思之，寤辟有摽。
日居月诸，胡迭而微？心之忧矣，如匪浣衣。
静言思之，不能奋飞。

【译文】

　　荡起柏木的小舟，随着河水漫漫流。心里有事难入睡，深深忧愁在心头。不是喝不到好酒，而是想散心出游。

　　我的心不是铜镜，不能何事都看到。虽然有同胞兄弟，但是却不能依靠。本打算前去诉苦，却赶上他们气恼。

　　我的心不是磐石，不能随便就翻转。我的心不是草席，不能随意地收卷。我表现威风凛凛，不能随意被欺瞒。

　　我的忧愁难消除，我恨小人真可恶。我的困难已很多，受的欺侮也无数。不再说话静静想，拍拍胸口猛醒悟。

　　天上挂着日和月，为何交替着出现？深深忧愁在心头，就像脏衣没洗净。不再说话静静想，恨我不能展翅飞。

燕燕

　　燕燕于飞，差池其羽。之子于归，远送于野。
瞻望弗及，泣涕如雨。燕燕于飞，颉之颃之。
之子于归，远于将之。瞻望弗及，伫立以泣。
燕燕于飞，下上其音。之子于归，远送于南。
瞻望弗及，实劳我心。仲氏任只，其心塞渊。
终温且惠，淑慎其身。先君之思，以勖寡人。

【译文】

　　对对燕儿翩翩飞，前前后后紧跟随。年轻姑娘要出嫁，远远相送到郊外。遥望不能再见面，泪飞如雨淌满面。

　　对对燕儿翩翩飞，上下翻飞影相随。年轻姑娘要出嫁，远远相送到天边。遥望不能再见面，伫立良久泪涟涟。

　　对对燕儿翩翩飞，上下翻飞叫声悲。年轻姑娘要出嫁，远远相送到南山。遥望不能再见面，凄凄惨惨柔肠断。

　　仲氏姑娘重情义，心地憨厚待人诚。天性温柔又贤惠，端庄谨慎善修身。先父之德牢记心，劝勉寡人待人诚。

击鼓

【原文】

击鼓其镗，踊跃用兵。土国城漕，我独南行。
从孙子仲，平陈与宋。不我以归，忧心有忡。
爰居爰处？爰丧其马？于以求之？于林之下。
死生契阔，与子成说。执子之手，与子偕老。
于嗟阔兮，不我活兮。于嗟洵兮，不我信兮。

【译文】

击鼓声音镗镗响，激励士兵上战场。漕城修筑正繁忙，唯有我却奔南方。

跟随将军孙子仲，要去平定陈和宋。归家心愿久受阻，使人愁苦心郁闷。

身在何处与何地？马儿丢失在哪里？我要何处去找寻？原来马在树林中。

"无论聚散与死活"，我曾对你发过誓。拉着你手紧紧握，"白头偕老与你过"。

可叹与你离别久，再难与你见一面。可叹相隔太遥远，使那誓言成空话。

谷风

【原文】

习习谷风，以阴以雨。黾勉同心，不宜有怒。
采葑采菲，无以下体？德音莫违，及尔同死。
行道迟迟，中心有违。不远伊迩，薄送我畿。
谁谓荼苦，其甘如荠。宴尔新婚，如兄如弟。

泾以渭浊，湜湜其沚。宴尔新婚，不我屑以。
毋逝我梁，毋发我笱。我躬不阅，遑恤我后。
就其深矣，方之舟之。就其浅矣，泳之游之。
何有何亡，黾勉求之。凡民有丧，匍匐救之。
不我能慉，反以我为雠。既阻我德，贾用不售。
昔育恐育鞫，及尔颠覆。既生既育，比予于毒。
我有旨蓄，亦以御冬。宴尔新婚，以我御穷。
有洸有溃，既诒我肄。不念昔者，伊余来塈。

【译文】

大风飒飒阵阵吹，阴云无常雨水流。本应与君心相印，不该发怒把人伤。

蔓菁萝卜都要采，难道根茎全抛光？不要忘记旧誓言，与你生死两相依。

路上行人步踉跄，心中惆怅难消散。非是迢遥千里路，却只送我到门旁。

谁说荼菜味最苦，也曾香甜如荠菜。你们新婚燕尔时，亲密得像亲兄弟。

渭水搅得泾水浊，河湾见底水清澈。只因刚新婚燕尔，不再与我来亲近。

别到我的鱼坝上，别碰我的竹鱼筐。可怜此处难容身，怎知我能去何处！

过河到了深水处，木筏小船来过往。过河到了浅

谷风

自牧归荑，洵美且异。匪女之为美，美人之贻。

:::

　　姑娘娴静又漂亮，约我在那城楼上。心里爱她看不见，手抓头皮心紧张。

　　姑娘娴静又美丽，送我一支红色管。红色管子多光鲜，我爱红管更爱你。

　　野外回来赠白茅，实在漂亮又珍异。不是白茅多珍异，美人相赠价值高。

水处，下水游泳到对岸。

家中何有何已无，勤勉操持忙奔劳。邻人有了急难事，竭尽全力去帮助。

不再体谅我的苦，反而把我当仇敌。各种美德全拒绝，有如货物没脱手。

以往新婚常惧怕，随你颠鸾又倒凤。如今生儿又育女，却将我视作毒物。

我贮美菜一坛坛，季节交替好过冬。新娶之人迷着你，夺我积蓄挡贫穷。

对我拳脚来相加，苦活狠压在我肩。不念往昔的情意，也曾痴爱将我娶。

式微

【原文】

式微，式微，胡不归？微君之故，胡为乎中露！
式微，式微，胡不归？微君之躬，胡为乎泥中！

【译文】

天黑了，天黑了，为何还不能回家？倘若不是为君主，哪会还在露水中！

天黑了，天黑了，为何还不能回家？倘若不是为君主，哪会还在泥浆中！

静女

【原文】

静女其姝，俟我于城隅。爱而不见，搔首踟蹰。
静女其娈，贻我彤管。彤管有炜，说怿女美。

国风·卫风

硕人

【原文】

　　硕人其颀，衣锦褧衣。齐侯之子，卫侯之妻。
东宫之妹，邢侯之姨，谭公维私。
手如柔荑，肤如凝脂。领如蝤蛴，齿如瓠犀。
螓首蛾眉，巧笑倩兮，美目盼兮。
硕人敖敖，说于农郊。四牡有骄，朱幩镳镳。
翟茀以朝，大夫夙退，无使君劳。
河水洋洋，北流活活。施罛濊濊，鳣鲔发发。
葭菼揭揭，庶姜孽孽，庶士有朅。

【译文】

　　好个高挑的女郎，麻纱罩衫锦绣裳。她是齐侯娇女儿，她是卫侯的新娘，她是太子的妹妹，她是邢侯的小姨，谭公又是她妹婿。

　　指如春荑好柔嫩，肤如凝脂般白润，颈似蝤蛴白而美，齿若瓠子整而洁。丰满额角眉细长，嫣然一笑酒靥俏，秋波一转情无限。

　　好个高挑的女郎，车歇郊外农田边。四匹大马多雄健，红绸系在马嚼上，雉羽饰车往朝堂。诸位大夫退朝早，莫使女君太操劳。

　　黄河之水白茫茫，北流入海浪滔滔。下水鱼网霍霍撒，戏水鱼儿扑楞楞，两岸芦苇长又高。陪嫁姑娘身材高，随从男士气势壮！

【原文】

氓之蚩蚩，抱布贸丝。匪来贸丝，来即我谋。
送子涉淇，至于顿丘。匪我愆期，子无良媒。
将子无怒，秋以为期。乘彼垝垣，以望复关。
不见复关，泣涕涟涟。既见复关，载笑载言。
尔卜尔筮，体无咎言。以尔车来，以我贿迁。
桑之未落，其叶沃若。于嗟鸠兮！无食桑葚。
于嗟女兮！无与士耽。士之耽兮，犹可说也。
女之耽兮，不可说也。桑之落矣，其黄而陨。
自我徂尔，三岁食贫。淇水汤汤，渐车帷裳。
女也不爽，士贰其行。士也罔极，二三其德。
三岁为妇，靡室劳矣。夙兴夜寐，靡有朝矣。
言既遂矣，至于暴矣。兄弟不知，咥其笑矣。
静言思之，躬自悼矣。及尔偕老，老使我怨。
淇则有岸，隰则有泮。总角之宴，言笑晏晏。
信誓旦旦，不思其反。反是不思，亦已焉哉！

【译文】

农家小伙笑嘻嘻，抱着布匹来换丝。哪里真是来换丝，是来找我议婚事。

我曾送你过淇水，送到顿丘才分别。不是我要拖日子，你无良媒把婚求。

求你不要生我气，婚期重订在秋天。我曾登上那缺墙，眺望复关盼情郎。

望穿秋水不见人，心中焦急泪涟涟。望见你从复关来，有笑有说心愉悦。

你快回去算个卦，卦上没有不吉祥。赶着你的马车来，好用车子拉嫁妆。

桑叶未落真繁茂，又嫩又润真新鲜。哎呀班鸠小鸟儿，见了桑椹别贪吃。

哎呀年青姑娘们，见着男人别乱缠。男人要把女人缠，说甩就甩他不管。

女人若是恋男人，撒手摆脱很苦难。桑树凋零叶落净，枯萎变黄自飘零。

自从嫁到你家去，多年过尽苦日子。滔滔淇水送我回，溅湿车帘冷冰冰。

我做妻子没过错，是你朝三又暮四。假假真真没个准，心口不一德行坏。

结婚多年守妇道，家事我来一肩挑。起早贪黑勤劳作，累死累活非一朝。

一家生活已安定，对我施暴把脸翻。兄弟不知我内情，嘻嘻讥笑加嘲讪。

冷静思考苦难言，只有独自暗哀伤。"与你偕老"当年话，老了苦怨更加多。

淇水再宽有堤岸，沼泽再阔有边涯。回顾年少未婚时，说说笑笑多温雅。

山盟海誓还记得，谁料你却违誓言。过去情谊你不念，自此你我一刀断。

河广

谁谓河广？一苇杭之。谁谓宋远？跂予望之。
谁谓河广？曾不容刀。谁谓宋远？曾不崇朝。

【译文】

谁说黄河很宽广？一支苇筏可飞航。谁说宋国路太远？跂起脚尖即在望。

谁说黄河很宽广？一条小船难容下。谁说宋国路太远？赶去还能吃早餐。

伯兮

【原文】

伯兮朅兮，邦之桀兮。伯也执殳，为王前驱。
自伯之东，首如飞蓬。岂无膏沐？谁适为容！
其雨其雨，杲杲出日。愿言思伯，甘心首疾。
焉得谖草？言树之背。愿言思伯。使我心痗。

【译文】

我的大哥真英勇，真是邦国好英雄。我的大哥拿殳杖，为了君王做前锋。

自打大哥东行后，头发散乱如飞蓬。哪样膏脂还缺少？为谁装饰我容颜！

盼下雨哟盼下雨，却出太阳明晃晃。一心只把大哥想，想得头痛也甘愿。

哪儿去找忘忧草？种它就在屋北面。一心只把大哥想，想得伤心病恹恹。

木瓜

投我以木瓜，报之以琼琚。匪报也，永以为好也！
投我以木桃，报之以琼瑶。匪报也，永以为好也！
投我以木李，报之以琼玖。匪报也，永以为好也！

【译文】

你拿木瓜赠送我，我拿琼琚回报你。岂是为了感谢你，珍贵情意永相好。

你拿木桃赠送我，我拿琼瑶回报你。岂是为了感谢你，珍贵情意永相好。

你拿木李赠送我，我拿琼玖回报你。岂是为了感谢你，珍贵情意永相好。

五经

〇一七

黍离

【原文】

彼黍离离，彼稷之苗。行迈靡靡，中心摇摇。
知我者，谓我心忧；不知我者，谓我何求。
悠悠苍天，此何人哉？彼黍离离，彼稷之穗。
行迈靡靡，中心如醉。知我者，谓我心忧；
不知我者，谓我何求。悠悠苍天，此何人哉？
彼黍离离，彼稷之实。行迈靡靡，中心如噎。
知我者，谓我心忧；不知我者，谓我何求。
悠悠苍天，此何人哉？

【译文】

那里黍子真繁茂，那里高粱刚发芽。踏上旧地脚步缓，心神恍惚愁难消。理解我的说我心忧愁。不理解我的问我寻求什么。悠远的苍天神灵，是谁造成了满目荒芜？

那里黍子真繁茂，那里高粱已结穗。踏上旧地脚步缓，心事沉沉昏如醉。理解我的说我心忧愁。不理解我的问我寻求什么。悠远的苍天神灵，是谁造成了满目荒芜？

那里黍子真繁茂，那里高粱好实成。踏上旧地脚步缓，心中愁闷塞如梗。理解我的说我心忧愁。不理解我的问我寻求什么。悠远的苍天神灵，是谁造成了满目荒芜？

君子于役

【原文】

君子于役，不知其期。曷至哉？

鸡栖于埘，日之夕矣，羊牛下来。君子于役，如之何勿思！

君子于役，不日不月。曷其有佸？

鸡栖于桀，日之夕矣，羊牛下括。君子于役，苟无饥渴？

【译文】

我的丈夫正服役，不知期限有多久。什么时候才归家？鸡儿进窝来栖息，天已经晚了，羊牛从牧地回来。我的丈夫正服役，怎么能不想念他？

我的丈夫正服役，日月不能算遥期，什么时候再相会？鸡儿栖息鸡架上，天已经晚了，羊牛从牧地回来。我的丈夫正服役，但愿他不受饥渴！

采葛

【原文】

彼采葛兮，一日不见，如三月兮！

彼采萧兮，一日不见，如三秋兮！

彼采艾兮！一日不见，如三岁兮！

　　那个采葛的姑娘。一日不见心里慌，好像相隔已三月。

　　那个采蒿的姑娘。一日不见心里忧，好像相隔已三秋。

　　那个采艾的姑娘。一日不见心不安，好像相隔已三年。

五经

女曰鸡鸣

【原文】

　　女曰鸡鸣，士曰昧旦。子兴视夜，明星有烂。将翱将翔，弋凫与雁。

　　弋言加之，与子宜之。宜言饮酒，与子偕老。琴瑟在御，莫不静好。

　　知子之来之，杂佩以赠之。知子之顺之，杂佩以问之。知子之好之，杂佩以报之。

【译文】

　　女说："雄鸡已经在鸣唱。"男说："天才刚刚亮一半。不信下床看看天，启明星正闪着光。""宿巢鸟雀要飞翔，大雁野鸭都射下。"

　　"野鸭大雁射得多，为你烹调做佳肴。佳肴做成好下酒，白头偕老永相恋。我弹琴来你鼓瑟，和谐美满多美好。"

　　"知你对我真关怀，送你杂佩答你爱。知你对我体贴细，送你杂佩表谢意。知你爱我是真心，送你杂佩表一心。"

风雨

【原文】

　　风雨凄凄，鸡鸣喈喈。既见君子，云胡不夷？

风雨潇潇，鸡鸣胶胶。既见君子，云胡不瘳？

风雨如晦，鸡鸣不已。既见君子，云胡不喜？

凄风苦雨冷清清，窗外鸡鸣声不住。已经和你见了面，怎不心旷又神怡？

风吹雨打雨潇潇，窗外鸡鸣声不息。已经和你见了面，怎会不全消心病？

风雨交加天地昏，窗外鸡鸣声不停。已经和你见了面，怎能心里不欢喜？

子衿

【原文】

青青子衿，悠悠我心。纵我不往，子宁不嗣音？

青青子佩，悠悠我思。纵我不往，子宁不来？

挑兮达兮，在城阙兮。一日不见，如三月兮。

【译文】

你的衣领颜色青，常常念你在我心。纵然我不能见你，为何君亦断音信？

你的佩玉缓带青，常常念你在我怀。纵然我不能见你，为何君不自己来？

来往彷徨心焦急，独自苦等在城楼。若是一天无法见，好像隔了三月长！

出其东门

【原文】

出其东门，有女如云。虽则如云。匪我思存。缟衣綦巾，

聊乐我员。

　　出其闉闍，有女如荼。虽则如荼，匪我思且。缟衣茹藘，聊可与娱。

【译文】 ∶∶∶∶∶∶∶∶∶∶∶∶∶∶∶∶∶∶∶∶∶∶∶∶∶∶∶∶∶∶∶∶∶∶

　　漫步走到城东门，美女多如天上云。虽然美女多如云，非我所思念之人。唯此素衣绿巾女，令我魂牵又梦绕。

　　漫步走到城门外，美女多如白茅花。虽然多如白茅花，非我所挂怀之人。唯此素衣红巾女，使我快乐又相爱。

野有蔓草

【原文】

野有蔓草，零露漙兮。有美一人，清扬婉兮。邂逅相遇，适我愿兮。

野有蔓草，零露瀼瀼。有美一人，婉如清扬。邂逅相遇，与子偕臧。

【译文】

野外蔓草多又长，滚滚露珠落叶上。有个美丽好姑娘，眉清目秀气质好。今日有缘碰见她，合我心愿真快乐。

野外蔓草绿如茵，草叶沾满露珠儿。有个美丽好姑娘，眉清目秀姿容艳。今日有缘碰见她，你我两人互欢喜。

鸡鸣

【原文】

鸡既鸣矣，朝既盈矣。匪鸡则鸣，苍蝇之声。

东方明矣，朝既昌矣。匪东方则明，月出之光。

虫飞薨薨，甘与子同梦。会且归矣，无庶予子憎。

【译文】

"公鸡已经喔喔叫，上朝官员纷纷到。""不是公鸡在鸣叫，那是苍蝇嗡嗡吵。"

"东方已经曚曚亮，官员已经满朝堂。""不是东方天放亮，那是明月放光芒。"

"虫子飞来嗡嗡响，甘愿与你入好梦。""上朝官员已散了，你我岂不招人恨！"

东方之日

【原文】

东方之日兮，彼姝者子，在我室兮。在我室兮，履我即兮。

东方之月兮，彼姝者子，在我闼兮。在我闼兮，履我发兮。

【译文】

东方太阳红彤彤，那位姑娘真美丽，进我家门入我屋。进我家门入我屋，踏在我的席子上。

东方月亮白晃晃，那位姑娘真美丽，来到我家门里边。来到我家门里边，踏在我的苇席上。

东方未明

【原文】

东方未明，颠倒衣裳。颠之倒之，自公召之。

东方未晞，颠倒裳衣。倒之颠之，自公令之。

折柳樊圃，狂夫瞿瞿。不能辰夜，不夙则莫。

【译文】

东方还没露曙光，颠来倒去把衣穿。倒倒颠颠顾不上，公爷召唤催得急。

东方还没露晨曦，颠来倒去把衣穿。倒倒颠颠顾不上，公爷命令催得急。

砍下柳条编篱笆，监工瞪眼又吹胡。不分白天和黑夜，从早到晚苦役难！

国风·魏风

【原文】··

园有桃，其实之肴。心之忧矣，我歌且谣。
不知我者，谓我士也骄。彼人是哉？子曰何其？
心之忧矣，其谁知之？其谁知之，盖亦勿思！
园有棘，其实之食。心之忧矣，聊以行国。
不知我者，谓我士也罔极。彼人是哉？子曰何其？
心之忧矣，其谁知之？其谁知之，盖亦勿思！

【译文】··

　　园里长的桃树壮，结下桃子可当饱。我的心里真烦恼，暂且放声把歌唱。那些不了解我的人，说我这人太骄狂，他说的对还是错？你自问该怎么办？我心里的烦恼啊，谁知道啊谁知道？谁知道啊谁知道，不去想它会更好！

　　园里长的酸枣直，结下枣子甜可食。我的心里真忧伤，暂且游荡在城里。那些不了解我的人，说我这人太反常，他说的对还是错？你自问该怎么办？我心里的忧伤啊，谁知道啊谁知道？谁知道啊谁知道，不去想它会更好！

瞿瞿瞿瞿瞿瞿 十亩之间 瞿瞿瞿瞿瞿瞿

【原文】··

　　十亩之间兮，桑者闲闲兮，行与子还兮。

十亩之外兮，桑者泄泄兮，行与子逝兮。

青青十亩桑树园，采桑女儿真悠闲，走吧咱们回家去。

青青十亩桑林坡，采桑女儿乐盈盈，走吧咱们回村庄。

伐檀

【原文】

坎坎伐檀兮，置之河之干兮。河水清且涟猗。不稼不穑，胡取禾三百廛兮？不狩不猎，胡瞻尔庭有县貆兮？彼君子兮，不素餐兮！

坎坎伐辐兮，置之河之侧兮。河水清且直猗。不稼不穑，胡取禾三百亿兮？不狩不猎，胡瞻尔庭有县特兮？彼君子兮，不素食兮！

坎坎伐轮兮，置之河之漘兮。河水清且沦猗。不稼不穑，胡取禾三百囷兮？不狩不猎，胡瞻尔庭有县鹑兮？彼君子兮，不素飧兮！

【译文】

砍伐檀树叮当响，棵棵放倒堆河边。清清河水微波转。播种收割都不管，为何千捆万捆往家搬？冬狩夜猎没你事，为何你家院子挂猪獾？那些老爷和君子，可不会白吃闲饭！

砍下檀树做车辐，棵棵放倒堆河埠。清清河水流注直。播种收割都不管，为何千捆万捆要独取？冬狩夜猎没你事，为何你家院子兽悬柱？那些老爷和君子，可不会白吃饱腹！

　　砍下檀树做车轮，棵棵放倒屯河边。清清河水波纹起。播种收割都不管，为何千捆万捆要独吞？冬狩夜猎没你事，为何你家院子悬鹌鹑？那些老爷和君子，可不会白吃腥荤！

硕鼠

【原文】

　　硕鼠硕鼠，无食我黍！三岁贯女，莫我肯顾。逝将去女，适彼乐土。乐土乐土，爰得我所。

　　硕鼠硕鼠，无食我麦！三岁贯女，莫我肯德。逝将去女，适彼乐国。乐国乐国，爰得我直。

　　硕鼠硕鼠，无食我苗！三岁贯女，莫我肯劳。逝将去女，适彼乐郊。乐郊乐郊，谁之永号？

【译文】

　　大田鼠啊大田鼠，千万别吃我黄黍！多年小心服侍你，你却不肯照顾我。发誓定要离开你，去那远方寻乐土。新乐土啊新乐土，那里是我好住处。

　　大田鼠啊大田鼠，千万别吃我麦子！多年小心服侍你，我的恩德你不记。发誓定要离开你，去那远方找乐地。新乐地啊新乐地，那里有我好位置。

　　大田鼠啊大田鼠，千万别吃我禾苗！多年小心服侍你，你却不肯慰劳我。发誓定要离开你，去那远方寻乐郊。新乐郊啊新乐郊，谁还悲叹又哀号？

国风·唐风

蟋蟀

【原文】

蟋蟀在堂，岁聿其莫。今我不乐，日月其除。无已大康，职思其居。好乐无荒，良士瞿瞿。

蟋蟀在堂，岁聿其逝。今我不乐，日月其迈。无已大康，职思其外。好乐无荒，良士蹶蹶。

蟋蟀在堂，役车其休。今我不乐，日月其慆。无以大康。职思其忧。好乐无荒，良士休休。

【译文】

蟋蟀搬到屋里去，一年就快要到头。今日再不寻欢乐，光阴一去不复返。行乐不能太安逸，自己本职不能忘！寻乐也不荒正业，良士都要有防范。

蟋蟀搬到屋里去，一年还剩下几分。今日再不寻欢乐，光阴一去不等人。行乐不能太安逸，其他责任也别忘！寻乐也不荒正业，良士个个该奋斗。

蟋蟀搬到屋里去，行役牛车都停下。今日再不寻欢乐，光阴一去追不上。行乐不能太安逸，忧患意识要常记！寻乐也不荒正业，良士本应该放心。

绸缪

【原文】

绸缪束薪，三星在天。今夕何夕，见此良人？

子兮子兮，如此良人何？

绸缪束刍，三星在隅。今夕何夕，见此邂逅？

子兮子兮，如此邂逅何？

绸缪束楚，三星在户。今夕何夕，见此粲者？

子兮子兮，如此粲者何？

【译文】

一把柴火捆得紧，三星闪烁在天上。今晚究竟是何夜？见这好人真愉悦。要问你呀要问你，怎么对待这好人？

一捆牧草扎得多，三星闪烁在东南。今晚究竟是何夜？遇心爱人真快乐。要问你呀要问你，怎么对待心爱人？

一束荆条绑得牢，天边三星亮门庭。今晚究竟是何夜？见这美人真激动。要问你呀要问你，怎么对待美人？

杕杜

【原文】

有杕之杜，其叶湑湑。独行踽踽。岂无他人？不如我同父。嗟，行之人，胡不比焉？人无兄弟，胡不佽焉？

有杕之杜，其叶菁菁。独行睘睘。岂无他人？不如我同姓。嗟，行之人，胡不比焉？人无兄弟，胡不佽焉？

【译文】

一棵棠梨孤零零，树上叶儿繁又茂。独自行走多孤独，难道路上没别人？不如同胞手足亲。可叹过往路上人，为何不肯亲近我？独自一人无兄弟，为何不肯帮助我？

一棵棠梨孤零零，叶儿苍翠长势旺。独自行走多凄苦，难道路上没别人？不如骨肉兄长亲。可叹过往路上人，为何不肯到我旁？独自一人无兄弟，为何不肯帮助我？

蒹葭

【原文】

蒹葭苍苍，白露为霜。所谓伊人，在水一方。溯洄从之，道阻且长。溯游从之，宛在水中央。

蒹葭凄凄，白露未晞。所谓伊人，在水之湄。溯洄从之，道阻且跻。溯游从之，宛在水中坻。

蒹葭采采，白露未已。所谓伊人，在水之涘。溯洄从之，道阻且右。溯游从之，宛在水中沚。

【译文】

河边芦苇青又青，深秋露水结成霜。我所想的那个人，她在水的另一边。

逆着流水去找她，道路险阻又太长。顺着流水去找她，仿佛她在水中央。

河边芦苇密又繁，清晨露水未曾干。我所想的那个人，她在河水那一边。

逆着流水去找她，道路险阻攀登难。顺着流水去找她，仿佛她在水中滩。

河边芦苇青又密，早晨露水未全收。我所想的那个人，她在水的那一头。

逆着流水去找她，道路弯曲又险阻。顺着流水去找她，仿佛就在水中洲。

无衣

【原文】 ....

岂曰无衣？与子同袍。王于兴师，修我戈矛。与子同仇！

岂曰无衣？与子同泽。王于兴师，修我矛戟。与子偕作！

岂曰无衣？与子同裳。王于兴师，修我甲兵。与子偕行！

【译文】 ....

谁说我们没衣穿？与你同披那战袍。国君发兵去交战，修整我的戈与矛，仇敌和你是一样。

谁说我们没衣穿？与你同穿那汗衫。国君发兵去交战，修整我的矛与戟，出发与你共携手。

谁说我们没衣穿？与你同穿那战裙。国君发兵去交战，修整甲胄与刀兵，杀敌与你共进退。

月出

【原文】

月出皎兮，佼人僚兮。舒窈纠兮，劳心悄兮。
月出皓兮，佼人懰兮。舒忧受兮，劳心慅兮。
月出照兮，佼人燎兮。舒夭绍兮，劳心惨兮。

【译文】

月亮升起多皎洁，你的脸庞多娇美，娴雅苗条身材好，我的愁肠深情多！

月光升起多素净，你的脸庞多妩媚．娴雅婀娜身材好，我的愁肠纷乱多！

月光升起多明朗，你的脸庞多亮丽，娴雅轻盈身材好，我的愁肠焦盼多！

泽陂

【原文】

彼泽之陂，有蒲与荷。有美一人，伤如之何？寤寐无为，涕泗滂沱。

彼泽之陂，有蒲与蕳。有美一人，硕大且卷。寤寐无为，中心悁悁。

彼泽之陂，有蒲菡萏。有美一人，硕大且俨。寤寐无为，辗转伏枕。

在那池塘堤岸旁，长着蒲草和长荷。有个俊美的青年，思念使我没办法。夜不能寐没办法，心情想念泪流多。

在那池塘堤岸旁，长着蒲草和长兰。有个俊美的青年，身材高大头发鬈。夜不能寐没办法，心中愁闷怅然多。

在那池塘堤岸旁，长着蒲草和长莲。有个俊美的青年，身材高大很威严。夜不能寐没办法，翻来覆去难安眠。

七月

七月流火，九月授衣。一之日觱发，二之日栗烈。无衣无褐，何以卒岁？三之日于耜，四之日举趾。同我妇子，馌彼南亩。田畯至喜。

七月流火，九月授衣。春日载阳，有鸣仓庚。女执懿筐，遵彼微行，爰求柔桑。春日迟迟，采蘩祁祁。女心伤悲，殆及公子同归。

七月流火，八月萑苇。蚕月条桑，取彼斧斨。以伐远扬，猗彼女桑。七月鸣鵙，八月载绩。载玄载黄，我朱孔阳，为公子裳。

四月秀葽，五月鸣蜩。八月其获，十月陨萚。一之日于貉，取彼狐狸，为公子裘。二之日其同，载缵武功。言私其豵，献豜于公。

五月斯螽动股，六月莎鸡振羽。七月在野，八月在宇，九月在户，十月蟋蟀入我床下。穹窒熏鼠，塞向墐户。嗟我妇子，曰为改岁，入此室处。六月食郁及薁，七月亨葵及菽。八月剥枣，十月获稻。为此春酒，以介眉寿。七月食瓜，八月断壶，九月叔苴。采荼薪樗。食我农夫。

九月筑场圃，十月纳禾稼。黍稷重穋，禾麻菽麦。嗟我农夫，我稼既同，上入执宫功。昼尔于茅，宵尔索绹，亟其乘屋，其始播百谷。

二之日凿冰冲冲，三之日纳于凌阴。四之日其蚤，献羔祭韭。九月肃霜，十月涤场。朋酒斯飨，曰杀羔羊，跻彼公堂。称彼兕觥：万寿无疆!

【译文】 ∙∙

　　七月火星向西流，九月妇女做寒衣。冬月北风呼呼响，腊月寒风冷飕飕。粗布短衣都没有，怎么度过这残冬？正月修理好农具，二月举足把田犁。老婆孩子一同去，中午送饭田地头。农官看了乐悠悠。

　　七月火星向西流，九月妇女做寒衣。春天太阳暖融融，黄莺鸣唱在枝头。姑娘拿着深底篮，沿着小路去采桑，片片桑叶柔又嫩。春季白昼渐渐长，采到很多的白蒿。姑娘心里很悲愁，怕被公子抢了去。

　　七月火星向西流，八月芦苇收割忙。三月桑树要修枝，刀锯斧头要备齐。砍去高枝与长条，攀着软枝摘嫩桑。七月伯劳成对鸣，八月纺纱不停手。染布有黑也有黄，染的红色更艳丽，拿给贵族做衣裳。

　　四月远志把穗抽，五月知了叫不休。八月家里忙丰收，十月黄叶纷纷坠。十一月里打貉子，猎获狐狸剥下皮，为那贵族做裘衣。十二月大家聚一起，继续打猎练武艺。打下小猪归自己，大猪献给官家们。

　　五月蚱蜢齐鸣叫，六月蝈蝈振翅发声。七月蟋蟀鸣于郊野，八月它跑到檐下。九月怕冷躲门后，十月藏到床底下。清除垃圾熏老鼠，封上北窗堵紧门缝防风透。干完招呼妻和子：不久新年就又到，进这屋里躲寒风。

　　六月李子葡萄来尝鲜，七月煮葵菜烧大豆。八月打下树上枣，十月田间收稻谷。新米新谷酿春酒，好为老人去祝祷。七月瓜菜吃在口，八月摘下葫芦来，九月拾麻留种子。多采苦菜多砍臭椿，养活自己苦哀哉。

九月修好打谷场，十月粮食装满囤。黄米高粱和谷子，粟麻大豆加小麦。可怜我们种田人，庄稼刚刚收好了，又为官府去盖房。白天野外割茅草，夜里搓绳不停歇。赶快上房盖屋顶，春天又要播百种。

腊月凿冰咚咚响，正月把冰藏进冰窖。二月用冰块来祭礼，韭菜羔羊摆案头。九月霜降天变凉，十月清扫晒谷场。斟满美酒敬客人，宰杀羔羊争献酬。登上公堂齐聚会，举起漂亮牛角杯，高声齐祝：万寿无疆！

东山

【原文】

我徂东山，慆慆不归。我来自东，零雨其濛。
我东曰归，我心西悲。制彼裳衣，勿士行枚。
蜎蜎者蠋，烝在桑野。敦彼独宿，亦在车下。
我徂东山，慆慆不归。我来自东，零雨其濛。
果臝之实，亦施于宇。伊威在室，蟏蛸在户。
町畽鹿场，熠耀宵行。不可畏也，伊可怀也。
我徂东山，慆慆不归。我来自东，零雨其濛。
鹳鸣于垤，妇叹于室。洒扫穹窒，我征聿至。
有敦瓜苦，烝在栗薪。自我不见，于今三年。
我徂东山，慆慆不归。我来自东，零雨其濛。
仓庚于飞，熠耀其羽。之子于归，皇驳其马。
亲结其缡，九十其仪。其新孔嘉，其旧如之何？

【译文】

自我远征去东山，久久不能归家乡。今天我从东方回，毛毛细雨不停下。

才说将要离东方，心儿西飞我忧伤。家常衣裳做一件，从此永不再当兵。

山蚕蜷蜷树上爬，桑树地里久住家。人儿团团独自睡，独自睡在车儿下。

自我远征去东山，久久不能归家乡。今天我从东方回，毛毛细雨不停下。

栝楼藤上结了瓜，长蔓爬到房檐下。屋里潮虫来跑马，蜘蛛做网拦门挂。

鹿迹深浅留场上，燐火来去闪光光。家园荒凉不可怕，越是如此越牵挂。

自我远征去东山，久久不能归家乡。今天我从东方回，毛毛细雨不停下。

墩上老鹳叫不停，我妻叹气在屋里。洒扫房舍堵鼠洞，征人即将要回乡。

有个葫芦团又团，撂在柴垛没人理。葫芦置闲我不见，到今算来整三年。

自我远征去东山，久久不能归家乡。今天我从东方回，毛毛细雨不停下。

那天黄莺忙飞翔，翅羽闪闪有辉光。那人出嫁做新娘，骏马有赤也有黄。

岳母为妻结佩巾，婚仪繁多细叮咛。新娘想来真是美，久别重逢可安好？

鹿鸣

【原文】

呦呦鹿鸣，食野之苹。我有嘉宾，鼓瑟吹笙。
吹笙鼓簧，承筐是将。人之好我，示我周行。
呦呦鹿鸣，食野之蒿。我有嘉宾，德音孔昭。
视民不恌，君子是则是傚。我有旨酒，嘉宾式燕以敖。
呦呦鹿鸣，食野之芩。我有嘉宾，鼓瑟鼓琴。
鼓瑟鼓琴，和乐且湛。我有旨酒，以燕乐嘉宾之心。

【译文】

鹿儿呼伴呦呦叫，在那野地吃艾蒿。我有满座好客人，鼓瑟吹笙真热闹。

席间吹笙又鼓簧，赠送礼品满竹筐。客人对我真友善，指明路途大方向。

鹿儿呼伴呦呦叫，在那野地吃蒿草。我有满座好客人，品德高尚名声好。

示范民众不轻薄，君子学习又效仿。我有美酒醇而香，嘉宾欢饮任逍遥。

鹿儿呼伴呦呦叫，在那野地吃野蒿。我有满座好客人，鼓瑟弹琴真快乐。

席间鼓瑟又奏琴，宾主和乐都尽兴。我有美酒醇而香，嘉宾心中更欢喜。

采薇

【原文】

采薇采薇，薇亦作止。曰归曰归，岁亦莫止。
靡室靡家，猃狁之故。不遑启居，猃狁之故。
采薇采薇，薇亦柔止。曰归曰归，心亦忧止。
忧心烈烈，载饥载渴。我戍未定，靡使归聘。
采薇采薇，薇亦刚止。曰归曰归，岁亦阳止。
王事靡盬，不遑启处。忧心孔疚，我行不来！
彼尔维何？维常之华。彼路斯何？君子之车。
戎车既驾，四牡业业。岂敢定居？一月三捷。
驾彼四牡，四牡骙骙。君子所依，小人所腓。
四牡翼翼，象弭鱼服。岂不日戒？猃狁孔棘！
昔我往矣，杨柳依依。今我来思，雨雪霏霏。
行道迟迟，载渴载饥。我心伤悲，莫知我哀！

【译文】

采薇菜啊采薇菜，薇菜新芽已破土。说回家啊说回家，一年已过去大半。没有室呀没有家，只为抵挡猃狁侵。没有闲暇安定坐，只为抵挡猃狁侵。

采薇菜啊采薇菜，薇菜茎叶多柔嫩。说回家啊说回家，心里忧闷多牵挂。心里忧虑如烈火，又饥又渴实难忍。营地调动不固定，没法遣使通音问。

采薇菜啊采薇菜，薇菜茎叶已粗硬。说回家啊说回家，今年阳月已临近。王室差事无止息，想要休息没闲暇。忧心如焚太痛苦，我想归家不可行。

什么花儿开的盛？棠棣花开一丛丛。高大战车又谁乘？高大战车将帅乘。驾起兵车要出战，四马壮硕齐奔腾。不敢安居战事多，一月之中三捷报。

驾起四马来拉车，四马强壮又雄骏。将帅威武坐车上，士兵靠车作掩护。四马步子多齐整，象牙弓饰鱼皮箙。哪有一天不戒备？玁狁入侵势急切。

回想当初参军时，杨柳依依轻摇曳。如今归家解甲归，大雪纷纷飞满野。道路泥泞走得慢，又饥又渴太劳累。我的心里真悲伤，谁知我心多哀伤。

鹤鸣

【原文】

鹤鸣于九皋，声闻于野。鱼潜在渊，或在于渚。
乐彼之园，爰有树檀，其下维萚。他山之石，可以为错。
鹤鸣于九皋，声闻于天。鱼在于渚，或潜在渊。
乐彼之园，爰有树檀，其下维榖。他山之石，可以攻玉。

【译文】

仙鹤声声鸣九皋，四野之内皆闻到。
鱼儿潜伏于深渊，有的游至小洲边。
喜爱你的好园林，林中紫檀高参天，树下落叶无数片。
他山之上好石头，可作磨石把玉琢。
仙鹤声声鸣九皋，九重天内皆闻到。

鱼儿游至小洲边，有的潜伏于深渊。

喜爱你的好园林，林中紫檀高参天，还有楮树在其间。

他山之上好石头，能把玉石琢璀璨。

斯干

【原文】

秩秩斯干，幽幽南山。如竹苞矣，如松茂矣。

兄及弟矣，式相好矣，无相犹矣。

似续妣祖，筑室百堵。

西南其户，爰居爰处，爰笑爰语。

约之阁阁，椓之橐橐。

风雨攸除，鸟鼠攸去，君子攸芋。如跂斯翼，如矢斯棘。

如鸟斯革，如翚斯飞，君子攸跻。殖殖其庭，有觉其楹。

哙哙其正，哕哕其冥。君子攸宁。

下莞上簟，乃安斯寝。乃寝乃兴，乃占我梦。

吉梦维何？维熊维罴，维虺维蛇。

大人占之：维熊维罴，男子之祥；维虺维蛇，女子之祥。

乃生男子，载寝之床。载衣之裳，载弄之璋。

其泣喤喤，朱芾斯皇，室家君王。

乃生女子，载寝之地。载衣之裼，载弄之瓦。

无非无仪，惟酒食是议，无父母诒罹。

【译文】

清清涧水流不断，幽幽南山峰相连。好似竹丛长繁盛，好似松林久青青。

哥哥弟弟共和睦，亲密相处似手足，从不欺瞒与互残。

继承祖先功业重，建造宫室上百间。

房舍门户西南开，大家一起住进来，欢声笑语好相处。

捆起筑板响咯咯，夯起土墙声橐橐。

建屋可以挡风雨，还有小鸟和鼠祸，天子居之真舒坦。

飞檐如人立端正，棱柱直矗似箭矢。

庭宇如鸟展双翅，好似野鸡在飞翔，天子欣然来升堂。

庭院看去很方正，楹柱更是高又长。

白日正堂多敞亮，夜里幽深多宁静，天子安宁体健康。

上有蒲席下竹席，安然入睡在其上。夜里睡下清晨起，接着就把梦来占。

梦里所见皆何物？又是熊来又是罴，又是虺来又是蛇。

占卜官员把梦解：梦里见到熊和罴，预示生男好吉兆。梦里见到虺和蛇，生个女孩也不错。

生个男孩乐呵呵，让他睡在热炕上。给他穿上好衣裳，给他玩耍碧玉璋。

男孩哭声多洪亮，赤红散膝好堂皇，成家立业做君王。

如果生的是女孩，让她睡在屋地上。给她穿上襁褓装，给她玩耍纺锤瓦。

不惹是非行端庄，终生奔忙在厨房，莫给父母添悲伤。

谷风

【原文】

习习谷风，维风及雨。将恐将惧，维予与女。
将安将乐，女转弃予。
习习谷风，维风及颓。将恐将惧，置予于怀。
将安将乐，弃予如遗。
习习谷风，维山崔嵬。无草不死，无木不萎。
忘我大德，思我小怨。

【译文】

山谷大风呼啦啦，阴雨不停绵绵下。又恐又惧心忧虑，你我二人命相依。

而今安宁可享乐，你却无情将我弃。

山谷大风呼啦啦，暴风不断漫天沙。又恐又惧心忧虑，你揽我身入怀去。

而今安宁可享乐，你却弃我如垃圾。

山谷大风呼啦啦，看那高山多挺拔。世上草儿皆枯黄，世上树木皆凋散。

我的恩情忘干净，惟有小恨记分明。

蓼莪

【原文】

蓼蓼者莪，匪莪伊蒿。哀哀父母，生我劬劳。

蓼蓼者莪，匪莪伊蔚。哀哀父母，生我劳瘁。

瓶之罄矣，维罍之耻。鲜民之生，不如死之久矣。

无父何怙？无母何恃？出则衔恤，入则靡至。

父兮生我，母兮鞠我。抚我畜我，长我育我。

顾我复我，出入腹我。欲报之德。昊天罔极！

南山烈烈，飘风发发。民莫不穀，我独何害！

南山律律，飘风弗弗。民莫不穀，我独不卒！

【译文】

莪菜长得青又高，不是莪菜是艾蒿。可怜我的亲父母，生我养我受劳苦。

莪菜长得青又高，不是莪菜是牡蒿。可怜我的亲父母，生我养我终病倒。

酒瓶空空已见底，酒坛哀哀自觉耻。一人孤苦活世上，不如早点把命丧。

没了父亲谁可靠，没了母亲谁来娇？出门在外辛酸苦，回到家里无亲诉。

父母辛苦把我生，父母劳累把我养。生我养我抚育我，顾我爱我保护我。

想我不原离开我，出来进去怀中抱。欲报父母养育恩，上天却不谅我心。

终南山高入云端，暴风阵阵凉透骨。他人都能尽孝心，独我丧母又丧父。

终南山高高过天，暴风呼呼寒人心。他人终能做孝子，独我一个无人亲。

文王

【原文】

文王在上，於昭于天。周虽旧邦，其命维新。

有周不显，帝命不时。文王陟降，在帝左右。

亹亹文王，令闻不已。陈锡哉周，侯文王孙子。

文王孙子，本支百世，凡周之士，不显亦世。

世之不显，厥犹翼翼。思皇多士，生此王国。

王国克生，维周之桢；济济多士，文王以宁。

穆穆文王，於缉熙敬止。假哉天命。有商孙子。

商之孙子，其丽不亿。上帝既命，侯于周服。

侯服于周，天命靡常。殷士肤敏。祼将于京。

厥作祼将，常服黼冔。王之荩臣。无念尔祖。

无念尔祖，聿修厥德。永言配命，自求多福。

殷之未丧师，克配上帝。宜鉴于殷，骏命不易！

命之不易，无遏尔躬。宣昭义问，有虞殷自天。

上天之载，无声无臭。仪刑文王，万邦作孚。

【译文】

　　文王在天有神灵，德披天下显英明。周朝虽是旧国邦，受命于天更万象。

　　周朝前途无限广，符合天命真适当。文王神灵从天降，时刻守在帝身旁。

　　文王勤勉不知倦，声名贤德传四方。恩赐天下创周邦，子孙代代都为王。

后世子孙王位传，嫡系旁系不间断。但凡周朝贤德士，累世尊贵百代昌。

百世百代势不衰，恭敬谦逊不懈怠。贤德俊才不胜数，全都生在这国度。

国邦能降众贤士，周朝栋梁挤满堂。人才济济聚周邦，文王从此得安详。

文王庄重多威严，举止磊落又谨慎。承天受命事体大，商朝遗孙都臣服。

殷商子孙人数多，成千上亿难言说。天命既已如此定，臣服周朝不违命。

俯首周朝称臣民，天命无常不能违。殷商后代多聪敏，镐京助祭献美酒。

镐京助祭把酒灌，常服殷帽不曾换。王之余臣要谨记，列祖列宗不可弃。

时常来把先祖想，德业修行不能忘。长久来把天命偱，祈求多福命不损。

殷商未失民心时，能遵天命把国治。应以殷商为借鉴，永遵天命不容易。

保持天命不容易，不能因你把命熄。光明磊落声誉棒，常思殷商怎样亡。

上天做事不可测，无声无息难揣摩。效法文王治国民，百姓才能把你信。

大雅·生民之什

生民

【原文】

厥初生民，时维姜嫄。生民如何？克禋克祀，以弗无子。
履帝武敏歆，攸介攸止，载震载夙。载生载育，时维后稷。

诞弥厥月，先生如达。不坼不副，无菑无害。
以赫厥灵，上帝不宁。不康禋祀，居然生子。

诞寘之隘巷，牛羊腓字之。诞寘之平林，会伐平林。
诞寘之寒冰，鸟覆翼之。鸟乃去矣，后稷呱矣。

实覃实訏，厥声载路。诞实匍匐，克岐克嶷。
以就口食。蓺之荏菽，荏菽旆旆。

禾役穟穟，麻麦幪幪，瓜瓞唪唪。诞后稷之穑，有相之道。

荏厥丰草，种之黄茂。
实方实苞，实种实褒。

实发实秀，实坚实好。
实颖实栗，即有邰家室。

诞降嘉种，维秬维秠，
维穈维芑。恒之秬秠，是
获是亩。

恒之穈芑，是任是负。
以归肇祀。

诞我祀如何？或舂或

生民

揄，或簸或蹂。释之叟叟，烝之浮浮。

载谋载惟，取萧祭脂。取羝以軷，载燔载烈，以兴嗣岁。

卬盛于豆，于豆于登。其香始升，上帝居歆。

胡臭亶时。后稷肇祀。庶无罪悔，以迄于今。

【译文】

姜嫄母亲真伟大，生下大周天下人。
她是怎样生周人？虔诚祭拜众天神，
从此去掉无子运。
踩上天帝脚指印，幽然停下来休息。
行动迟缓又小心，胎儿生长又发育，
此人便是祖后稷。
怀胎十月已过完，初产生子如羔羊。
胎衣完好无破裂，母子平安亦无恙。
故此诚心问神灵，莫非天帝不安宁？
莫非不满祭祀品？生下如此怪物来。
将他丢在大道上，牛羊庇护喂他乳。
把他放到树林中，恰逢有人来砍树。
将他放到寒冰里，鸟儿展翅将他护。
大鸟振翅飞走后，后稷呱呱啼出声。
哭声悠长又洪亮，声音响彻大道上。
刚会匍匐爬行走，转眼站立通人意。
自己主动找食物，自己动手种豆米。
豆苗长得大又长，满田谷穗长坠坠。
麻杆麦秸遍田野，大瓜小瓜结满地。
后稷学会种庄稼，促它生长自有方。
又铲草来又除蔓，选好良种按时种。

又发芽来又含苞，苗儿渐渐已长高。
又拔节来又抽穗，粒儿灌得饱又满。
穗儿结得长又长，他到邰地安家忙。
天上降下好良种，两种黑黍秬与秠，
还有嘉谷穈与芑。
地里种上秬与秠，收获庄稼以亩计。
地里种满穈与芑，收获之时全抱起，
抱回家去当祭礼。
若问祭神怎么祭？又舂壳来又舀米，
又簸糠来又揉秕。
淘起米来嗖嗖响，蒸起饭来冒热气。
又谋划来又思考，采来香蒿涂油脂。
拉出公羊去皮毛，放在火上烧又烤，

祈求明年收成好。
祭品一一装入碗，木碗陶碗都装满。
祭品香气升上天，天帝闻见喜连连，
香气弥漫满空间。
后稷开启祭祀礼，没有过错与无理，
从那以后传到今。

执竞

【原文】

执竞武王，无竞维烈。不显成康，上帝是皇。
自彼成康，奄有四方，斤斤其明。
钟鼓喤喤，磬筦将将，降福穰穰。
降福简简，威仪反反。既醉既饱，福禄来反。

【译文】

自强不息周武王，勤功建业世无双。
成王康王真显赫，上天称颂又赞扬。
自从成康两君王，占据天下统四方，
明察秋毫好眼光。
钟鼓齐鸣当当响，磬莞管弦声悠扬，
天上福禄双双降。
上天赐下大福康，举止威仪双大方。
神灵饱食祭祀后，再降福禄报周王。

商颂

玄鸟

【原文】 ∶∶∶∶∶∶∶∶∶∶∶∶∶∶∶∶∶∶∶∶∶∶∶∶∶∶∶∶∶∶∶∶∶∶∶∶∶∶∶

天命玄鸟，降而生商，宅殷土芒芒。
古帝命武汤，正域彼四方。方命厥后，奄有九有。
商之先后，受命不殆，在武丁孙子。
武丁孙子，武王靡不胜。龙旂十乘，大糦是承。
邦畿千里，维民所止，肇域彼四海。
四海来假，来假祁祁。景员维河，殷受命咸宜，百禄
是何。

【译文】 ∶∶∶∶∶∶∶∶∶∶∶∶∶∶∶∶∶∶∶∶∶∶∶∶∶∶∶∶∶∶∶∶∶∶∶∶∶∶∶

神燕奉命到人间，
生下契来建殷商，殷商
之地宽又广。

当初上天命成汤，
证讨天下安四方。

昭告天下各诸侯，
九州土地归殷商。

殷商诸祖诸先王，
接爱天命不懈怠，子孙
武丁多吉祥。

武丁子孙真贤良，
成汤事业能担当。

五经

〇五七

龙旗大车共十辆，各地贡米运送忙。
国家土地有千里，百姓安居乐四方，
四海地域无边疆。
四海诸侯来朝拜，车水马龙多繁忙。
景山四周大河淌，殷商受命最适当，
受福百样国富强。

尧典

【原文】

昔在帝尧，聪明文思，光宅天下。将逊于位，让于虞舜，作《尧典》。

曰若稽古帝尧，曰放勋，钦、明、文、思、安安，允恭克让，光被四表，格于上下。克明俊德，以亲九族。九族既睦，平章百姓。百姓昭明，协和万邦。黎民于变时雍。

乃命羲和，钦若昊天，历象日月星辰，敬授人时。分命羲仲，宅嵎夷，曰旸谷。寅宾出日，平秩东作。日中，星鸟，以殷仲春。厥民析，鸟兽孳尾。申命羲叔，宅南交。平秩南为，敬致。日永，星火，以正仲夏。厥民因，鸟兽希革。

【译文】

尧是古代有名的帝王，他才思敏锐、彬彬有礼、开辟疆土。尧将要退位时，想把帝位传给虞舜，并且制定了《尧典》。

有传说，古代帝王"尧"，又被称为"放勋"，为人精明、谦虚，待人宽容，举止有礼。他的光芒充盈于天地之间，照亮四方。他以身作则、修身养性，使九族和睦相处，对待百姓又公平、公正。百姓对他很顺从，听从他的管理，他得以统领天下的城邦。天下众民也因此变得友好和睦起来。

尧下令羲、和两个氏族要谨慎、恭敬地关注、尊崇上天。仔细地观察并计算天象的变化，及时告诉人们季节的变化。又下令让羲氏之兄，搬居于东夷，称为"旸谷"。敬候太阳的出升，管理东方农事。等待春分来临，并观察"大鸟星"的动向，确定春天的到来。东方的风神名为"析"（羲），只要它一出现，鸟兽就开始交配繁殖。尧又下令羲氏之弟，搬居于南方，称为"明都"。管理南方，敬顺天意，以求成功。等待夏至的来临，并观察"大火星"的动向，确定夏天的到来。南方的风神名为"因"，只要它一出现，鸟兽的羽毛变得稀疏。

【原文】 ::

　　分命和仲，宅西，曰昧谷。寅饯纳日，平秩西成。宵中，星虚，以殷仲秋。厥民夷，鸟兽毛毨。申命和叔，宅朔方，曰幽都。平在朔易。日短，星昴，以正仲冬。厥民隩，鸟兽氄毛。

　　帝曰："咨！汝羲暨和。期三百有六旬有六日，以闰月定四时，成岁。允厘百工，庶绩咸熙。"

　　帝曰："畴咨若时登庸？"放齐曰："胤子朱启明。"帝曰："吁！嚚讼可乎？"帝曰："畴咨若予采？"驩兜曰："都！共工方鸠僝功。"帝曰："吁！静言庸违，象恭滔天。"帝曰："咨！四岳，汤汤洪水方割，荡荡怀山襄陵，浩浩滔天。下民其咨，有能俾乂？"佥曰："於！鲧哉。"

尧像

帝曰："吁！咈哉，方命圮族。"岳曰："异哉！试可乃已。"帝曰，"往，钦哉！"九载，绩用弗成。

【译文】 ::

尧下令让和氏之兄，搬居于西土，称为"昧谷"。恭送太阳下山，管理西域。等待中元之夜来临，观察"虚（虎）星"的动向，确定秋天的到来。西方的风神名为"夷"，只要它一出现，鸟兽就开始长出漂亮的绒毛。又下令和氏之弟，搬居于朔北，称为"幽都"。管理朔方胡狄。等待冬至的来临，并观察"昴星"的动向，确定冬天的到来。北方的风神名为"隩"（卧），只要它一出现，鸟兽就开始长出浓厚的毛皮。

因此，尧就对他们说："你们羲、和。确定一年的三百六十六天，如果有多出来的天数就设立闰余。你们来确定季节的更替，确认收割的季节，指导百工们的劳作，让各种事业都繁荣起来。"

尧问："我可以重用谁呢？"放齐说："您的嗣子朱心智明达。"尧说："不行，他喜欢说话又争强好胜，怎么能重用呢？"又问："我可以让谁去考察呢？" 驩兜说："啊，共工不费多大工夫就把大堤筑好，功劳很大。"尧说："不行，他只是说得好听，做事不怎么样，面相恭敬心中却傲气漫天。"又问："四岳啊，如今洪水浩荡，连高山都淹没了，到处一片汪洋，百姓正在身受其害。你们觉得谁能解决这个问题呢？"群臣一致说道："让鲧来解决吧。"尧说："哎呀，不行啊！他会让事情更糟，会毁掉我们的家园啊！"四岳说："不会的，还是让他试一下吧。"尧（对鲧）说："你去治水，要谨慎行事！"鲧治水九年，仍没能成功。

帝曰："咨！四岳。朕在位七十载，汝能庸命，巽朕位？"
岳曰："否德忝帝位。"曰："明明扬侧陋。"师锡帝曰：
"有鳏在下，曰虞舜。"帝曰："俞，予闻，如何？"岳曰：
"瞽子，父顽，母嚚，象傲；克谐以孝，烝烝义，不格奸。"
帝曰："我其试哉！"女于时，观厥刑于二女。

厘降二女于妫汭，嫔于虞。帝曰："钦哉！慎徽五典，
五典克从。纳于百揆，百揆时叙。宾于四门，四门穆纳于大麓，
烈风雷雨弗迷。"帝曰："格，汝舜！询事，考言，乃言
底可绩。三载，汝陟帝位。"舜让于德，弗嗣。

尧说："哎，四岳啊，我已经在位七十年了，你们谁
能顺应天命，继承帝位？"四岳说："我们的品德不够，
怕有辱您的圣位啊。"尧说："既然这样，那你们就发扬
你们的精神，推选一下被埋没的人才。"众臣都说："民
间有一个鳏夫，名虞舜。"尧帝说："是的，我也听说
过，这人怎么样？"四岳说："他的父亲是乐官瞽叟，心
术不正，后母说话不忠诚，弟弟狂妄自大，但他仍然能与
他们和睦相处。孝心显著，待人宽容，不好争斗。"尧帝
说："我还是试试吧，把二女嫁与他，看他如何治家！"

于是命令二女前去妫汭，赐配给舜。尧说："要当
心啊！以五典教导你，你做事就要遵循五典。任命你为
百官，你就要把事情打理得有理有条。派你在四门迎接宾
客，你就要让四门庄重严肃。任命你管理天下，面对任
何烈风暴雨你也不能迷误。"尧帝说："来，舜！我曾经
询问过你的事迹，考察过你的言行，你言出必信、令出必
行。三年了，我可以放心地传位于你了。"

正月上日，受终于文祖。在璇玑玉衡，以齐七政。肆类于上帝，禋于六宗。望于山川，遍于群神。辑五瑞，既月阳，觐四岳群牧，班瑞于群后。岁二月，东巡守，至于岱宗，柴。望秩于山川，肆觐东后。协时月正日，同律度量衡。修五礼、五玉、三帛，二生、一死挚。如五器，卒乃复。五月南巡守，至于南岳，如岱礼。八月西巡守，至于西岳，如初。十有一月朔巡守，至于北岳，如西礼。归，格于艺祖，用特。五载一巡守。群后四朝，敷奏以言，明试以功，车服以庸。

肇十有二州，封十有二山，浚川。象以典刑，流宥五刑：鞭作官刑，扑作教刑，金作赎刑。眚灾肆赦，怙终贼刑。

钦哉，钦哉！惟刑之恤哉！流共工于幽州，放驩兜于崇山，窜三苗于三危，殛鲧于羽山。四罪，而天下咸服。二十有八载，帝乃殂落。百姓如丧考妣。三载，四海遏密八音。

正月初一，尧在宗社退帝位。舜亲自操纵璇玑北斗，观察日月天星。于是祭祀天帝以继承帝位，又祭拜天地四时。九州山川，先祖圣贤没有不祭的。舜收取诸侯的祥瑞宝物，过了一月，又接见了四岳首领，把宝玉还给他们。次年二月，舜去东方巡视，到达泰山之顶，点着柴火祭拜天地，并望祭各方山川。归后，统一了时月正日、乐律以及度量衡。修订了五种礼、五种玉、三种帛和二生一死的礼仪。使用五种祭器，用后归复原位。五月，舜到南方巡视，到达了衡山，举行了和泰山一样的典礼。八月，到西方巡视，来到华山，典礼如初。十一月初巡视，来到恒山，举行了和华山一样的典礼。回来后，到农社祖庙，用牲牛礼祭祀。这样的巡视五年一次。朝见各个地方的诸侯时，听取他们的建议，考察他们的政绩，并以车服赏赐有功的人。设立十二个州，分封十二座大山，疏通河川。制订了典刑、五种刑罚：官罪用鞭刑，教诲用扑刑，赎罪用铜。赦免因过失所犯的错误，对于一贯作恶多端的人处以极刑。

当心，当心！用刑时要谨慎啊！舜将共工流放于幽州，将骓兜流放于嵩山，将三苗之族驱逐到三危，将鲧杀死于羽山。恰当地惩罚了他们后，天下都顺服了。二十八年后，尧帝去世。百姓都很悲伤，如同父母丧亡。舜为尧帝守了三年的孝，天下停止了舞乐。

舜典

【原文】

月正元日，舜格于文祖，询于四岳，辟四门，明四目，达四聪。咨十有二牧曰："食哉惟时！柔远能迩，惇德允元，而难任人，蛮夷率服。"

舜曰："咨，四岳！有能奋庸熙帝之载，使宅百揆亮采，惠畴？"佥曰："伯禹作司空。"帝曰："俞，咨！禹，汝平水土，惟时懋哉！"禹拜稽首，让于稷、契暨皋陶。帝曰："俞，汝往哉！"

帝曰："弃，黎民阻饥，汝后稷，播时百谷。"

帝曰："契，百姓不亲，五品不逊。汝作司徒，敬敷五教，在宽。"

帝曰："皋陶，蛮夷猾夏，寇贼奸宄。汝作士，五刑有服，五服三就。五流有宅，五宅三居。惟明克允！"

【译文】

正月元日，舜来到祖庙，向四岳征询建议，广辟门户迎接贤者，拓宽视听，聆听各类声音。他对十二州的管理者说："民以食为天！如果能使远方平安祥和，近处的就更会更亲服。尊崇德行，知人善政，远离奸佞小人，这样治理国家蛮夷都会归顺。"

舜说："啊，四岳，有发奋努力、希望建功，又可以巩固、发扬尧帝功绩安守职位，为百姓谋福的人吗？叫他去为百姓做事。"群臣都说："伯禹可以做司空。"舜帝说："好啊！禹，你前去治水，但愿时时努力！"禹叩首拜下，说弃、契和皋陶都比自己有能力。舜说："好了，你上任去吧！"

舜帝说："弃，百姓都被饥饿所苦，你来掌管农事，播种所有的谷物粮食。"

又说："契，百姓之间不太亲近、和睦啊，五品不顺，你来当司徒，传播五教，让他们学会宽容、和睦相处。"

舜帝接着说道："皋陶，外族的人侵扰华夏，寇贼侵扰渐多起来，你来当法官。五刑各有各的使用方法，分别在野外、市、朝三处执行。五种流放，各有各的等次，分别有三种地方。要根据实情做出明确判断，才能树立起自己的威信啊！"

帝曰："畴若予工？"佥曰："垂哉！"帝曰："俞，咨！垂，汝共工。"垂拜稽首，让于殳斨暨伯与。帝曰："俞，往哉！汝谐。"

帝曰："畴若予上下草木鸟兽？"佥曰："益哉！"帝曰："俞，咨！益，汝作朕虞。"益拜稽首，让于朱虎、熊罴。帝曰："俞，往哉！汝谐。"

帝曰："咨！四岳，有能典朕三礼？"佥曰："伯夷！"曰："俞，咨！伯，汝作秩宗。夙夜惟寅，直哉惟清。"伯拜稽首，让于夔、龙。帝曰："俞，往，钦哉！"

帝曰："夔！命汝典乐，教胄子，直而温，宽而栗，刚而无虐，简而无傲。诗言志，歌永言，声依永，律和声。八音克谐，无相夺伦，神人以和。"夔曰："於！予击石拊石，百兽率舞。"

舜说："谁最适合管理百工啊？"群臣都说："垂！"舜说："好啊！垂，你就管理百工之事吧。"垂叩首跪拜，要让给殳斨和伯与。舜说："好了，去吧！你们一起去吧！"

舜又说："谁适合掌管草木鸟兽呢？"大家都说："益！"舜说："好啊！益，就派你担任掌管山泽之官。"益也叩首跪拜，要让给朱虎与熊罴。舜说："好了，去吧！你们一起去吧！"

舜说："哎，四岳，谁能替我掌管祭祀的三礼呢？"大家都说："伯夷！"舜说："好啊，伯夷，你就去做掌管祭祀的礼官吧，你要早晚恭敬行事，要做到正直、清明。"

伯夷也叩首跪拜，让给夔和龙。舜说："好了，你去吧！"

舜又说："夔！任命你做乐官，教导青年人，让他们为人正直温和，宽容坚栗，刚毅而不粗暴，节俭而不骄傲。诗是用来表达感情的，歌是唱出来的语言，音调要符合歌唱的音律，音律要与五声和谐统一。要使八种乐器的音调和谐，不能搅乱了它们之间的顺序，那么，神和人听了都会感到和谐。"夔说："好的！我会有序地敲打石磬，让百兽都跟着起舞。"

【原文】

帝曰："龙，朕堲谗说殄行，震惊朕师。命汝作纳言，夙夜出纳朕命，惟允！"

帝曰："咨！汝二十有二人，钦哉！惟时亮天功。"

三载考绩，三考，黜陟幽明，庶绩咸熙。分北三苗。舜生三十征，庸三十，在位五十载，陟方乃死。

【译文】

舜说："龙，我憎恶那些诋毁和危害的行为，那样会让我的百姓受到蛊惑。你来当我的纳言官，早晚传递我的命令，要忠诚可信。"

又接着说道："哎，你们二十二个人，要谨慎啊！要坚守自己的职责啊！"

舜帝三年考核一次群臣的政绩，考核三次后，或罢免或提升，因此许多事务都振兴起来了。又对三苗之族作了安置。舜三十岁时，被推荐征用，摄政三十年，在位五十年，在巡视各方的途中逝世。

商书

汤誓

【原文】

王曰："格尔众庶，悉听朕言。非台小子，敢行称乱！有夏多罪，天命殛之。今尔有众，汝曰：'我后不恤我众，舍我穑事而割正夏。'予惟闻汝众言，夏氏有罪，予畏上帝，不敢不正。今汝其曰：'夏罪其如台？'夏王率遏众力，率割夏邑。有众率怠弗协，曰：'时日曷丧？予及汝皆亡。'夏德若兹，今朕必往。尔尚辅予一人，致天之罚，予其大赉汝！尔无不信，朕不食言。尔不从誓言，予则孥戮汝，罔有攸赦。"

【译文】

汤王说："来吧，你们各位，都听我说。不是我敢于贸然作乱！实在是因为夏王罪恶多端，上天命令我去讨伐他。现在你们大家会问：'我们的国君不怜悯体贴我们，荒废放弃我们的农事，为什么却去征讨夏王呢？'这样的言论我早已听说过，但是夏氏有罪，我敬畏天帝，不敢不去征讨啊。现在你们要问：'夏桀的罪行到底怎么样呢？'夏王耗尽了民力，剥削夏国人民。民众怠慢不恭，与他很不和谐，他们都说：'这个太阳什么时候才能消失？我们宁可和你一起灭亡。'夏桀的德行败坏到这种程度，现在我一定要去讨伐他。你们只要辅佐我，行使上天对夏王的惩罚，我将重重地赏赐你们！你们不要不相信，我决不会不守信用。如果你们不听从我的誓言，我将把你们降为奴隶，或者杀掉，以示惩罚，没有谁会得到赦免。"

伊训

【原文】

惟元祀十有二月乙丑，伊尹祠于先王。奉嗣王祗见厥祖，侯甸群后咸在，百官总己以听冢宰。伊尹乃明言烈祖之成德，以训于王。

【译文】

太甲元年十二月乙丑日，伊尹在祠庙祭奠先王，侍奉嗣王虔诚地拜见先祖。侯服甸服的诸侯也都来祭奠，百官带领着自己的手下，恭听太宰伊尹的训导。伊尹详尽地讲述了大功之祖商汤的品德，以教育太甲。

【原文】

曰："呜呼！古有夏先后，方懋厥德，罔有天灾。山川鬼神，亦莫不宁，暨鸟兽鱼鳖咸若。于其子孙弗率，皇天降灾，假手于我有命，造攻自鸣条，朕哉自亳。惟我商王，布昭圣武，代虐以宽，兆民允怀。今王嗣厥德，罔不在初，立爱惟亲，立敬惟长，始于家邦，终于四海。呜呼！先王肇修人纪，从谏弗咈，先民时若。居上克明，为下克忠，与人不求备，检身若不及，以至于有万邦，兹惟艰哉！敷求哲人，俾辅于尔后嗣，制官刑，儆于有位。曰：'敢有恒舞于宫，酣歌于室，时谓巫风，敢有殉于货色，恒于游畋，时谓淫风。敢有侮圣言，逆忠直，远耆德，比顽童，时谓乱风。惟兹三风十愆，卿士有一于身，家必丧；邦君有一于身，国必亡。臣下不匡，其刑墨，具训于蒙士。'呜呼！嗣王祗厥身，念哉！圣谟洋洋，嘉言孔彰。惟上帝不常，作善降之百祥，作不善降之百殃。尔惟德罔小，万邦惟庆；尔惟不德罔大，坠厥宗。"

伊尹说：“可叹啊！古时夏朝的君王，因为努力施行仁德之政，所以天灾也不曾发生，居列山川的那些鬼神也很安分，就连虫鱼鸟兽鳖等的生长繁殖也很顺畅。而当他的子孙执政时，放弃了他们先祖的仁德之政，因此天降灾祸，上天要借我汤王之手，讨伐他们。从讨伐夏桀开始，我们先祖便在亳都执行仁德之政。商王以品德昭示天下，以宽容温和代替残暴，因此赢得了天下百姓的信任。现在，君王您嗣行先祖成汤的品德，要开个好头啊！爱亲人，敬长辈，从家和国开始，最终遍及天下。啊！先王认真遵循做人的准则，谦虚地听取群臣的建议和意见，遵顺贤人志士的话，身处高位而能明察秋毫，臣子也忠心耿耿，与人交往不斤斤计较，时常自我反省以免有所疏漏。如此才拥有了众多诸侯国，这很难做到啊！又寻求贤人智者，让他们指导你们这些后代，颁布《官刑》，限制百官的行为。《官刑》里说：‘时常在宫中跳舞、在室内饮酒哼唱的，视为巫风。胆敢贪财好色，时常游乐于田间狩猎的，视做淫风。无视圣人教诲，拒绝忠言进谏，疏远年长有德之人而与顽劣愚昧之童亲近的，视为乱风。这三风十过，卿士沾染一种，就会家破；君王沾染一种，就会亡国。臣子不辅正君王，就要遭受墨刑，这些事，连一般的小官也要明白。’啊！嗣王要以这些教导警醒自己，要时刻牢记呀！先圣的教训那么美好，言训又那样圣明。天帝并不眷顾所有的人，你做了善事，他就会赐百福于你；不做善事，就赐给你百灾。只要你修养德行，即使微小，天下的百姓都会庆幸；你不行善，就是不大，也会使国家丧亡。”

牧誓

【原文】

时甲子昧爽，王朝至于商郊牧野，乃誓。王左杖黄钺，右秉白旄以麾，曰："逖矣，西土之人！"王曰："嗟！我友邦冢君、御事，司徒、司马、司空，亚旅、师氏，千夫长、百夫长，及庸、蜀、羌、髳、微、卢、彭、濮人，称尔戈，比尔干，立尔矛，予其誓！"

王曰："古人有言曰：'牝鸡无晨；牝鸡之晨，惟家之索。'今商王受惟妇言是用，昏弃厥肆，祀弗答；昏弃厥遗，王父母弟不迪。乃惟四方之多罪逋逃，是崇是长，是信是使，是以为大夫卿士。俾暴虐于百姓，以奸宄于商邑。今予发惟恭行天之罚。今日之事，不愆于六步、七步，乃止齐焉。夫子勖哉！不愆于四伐、五伐、六伐、七伐，乃止齐焉。勖哉夫子！尚桓桓，如虎如貔，如熊如罴，于商郊。弗迓克奔以役西土。勖哉夫子！尔所弗勖，其于尔躬有戮！"

【译文】

在甲子日的黎明时分，周武王率领大军来到商朝都城郊外的牧野，在这里誓师。武王左手拿着铜制大斧，右手拿着白色的指挥旗，说道："辛苦了，远道而来的西方将士们！"武王说："啊！我们尊敬的友邦国君和执事大臣，各位司徒、司马、司空、亚旅、师氏、千夫长、百夫长，还有庸、蜀、羌、髳、微、卢、彭、濮诸邦的将士们，举起你们的戈，排列好你们的盾，竖起你们的矛，我要发布誓师令了。"

武王说："古人说过：'母鸡在早晨不打鸣，如果谁家母鸡早晨打鸣，这个家就要衰落了。'现在商纣王只是听信妇人的话，轻蔑地抛弃了祖先的传统，对祭祖不闻不问，抛弃他的先王的后裔，不任用同宗的长辈和兄弟。却对四方八面的罪人逃犯，十分崇敬、信任、提拔、任用，让他们当上大夫、卿士。使他们残暴虐待老百姓，在商国都城胡作非为。现在，我们就要发动战争恭敬地按上天的意志来讨伐商纣。今天这场战斗，行进中不超过六步、七步，就要停下来整顿队伍。努力吧，将士们！作战中刺杀不超过四次、五次、六次、七次，然后停下来整顿。努力吧，将士们！你们要威武雄壮，像虎、豹、熊、黑一样勇猛，在商都郊外大战一场。不要迎击向我们投降的人，以便让他们为我们服务。努力吧，将士们！如果你们不努力，你们自己就会遭到杀戮！"

洪范

【原文】

惟十有三祀，王访于箕子。王乃言曰："呜呼！箕子，惟天阴骘下民，相协厥居，我不知其彝伦攸叙。"

箕子乃言曰："我闻在昔，鲧陻洪水，汩陈其五行。帝乃震怒，不畀洪范九畴，彝伦攸斁。鲧则殛死，禹乃嗣兴，天乃锡禹洪范九畴，彝伦攸叙。

"初一曰五行，次二曰敬用五事，次三曰农用八政，次四曰协用五纪，次五曰建用皇极，次六曰乂用三德，次七曰明用稽疑，次八曰念用庶征，次九曰向用五福，威用六极。

"一、五行：一曰水，二曰火，三曰木，四曰金，五曰土。水曰润下，火曰炎上，木曰曲直，金曰从革，土爰稼穑。润下作咸，炎上作苦，曲直作酸，从革作辛，稼穑作甘。

"二、五事：一曰貌，二曰言，三曰视，四曰听，五曰思。貌曰恭，言曰从，视曰明，听曰聪，思曰睿。恭作肃，从作乂，明作晢，聪作谋，睿作圣。

"三、八政：一曰食，二曰货，三曰祀，四曰司空，五曰司徒，六曰司寇，七曰宾，八曰师。

"四、五纪：一曰岁，二曰月，三曰日，四曰星辰，五曰历数。

"五、皇极：皇建其有极。敛时五福，用敷锡厥庶民，惟时厥庶民于汝极。锡汝保极：凡厥庶民，无有淫朋，人无有比德，惟皇作极。凡厥庶民，有猷有为有守，汝则念之。不协于极，不罹于咎，皇则受之。而康而色，曰：'予攸好德。'汝则锡之福。时人斯其惟皇之极。无虐茕独而畏高明，人之有能有为，使羞其行，而邦其昌。凡厥正人，既富方谷，汝弗能使有好于而家，时人斯其辜。于其无好德，汝虽锡之福，其作汝用咎。无偏无陂，遵王之义；无有作好，遵王之道；无有作恶，遵王之路。无偏无党，王道荡荡；无党无偏，王道平平；无反无侧，王道正直。会其有极，归其有极。曰：皇极之敷言，是彝是训，于帝其训。凡厥庶民，极之敷言，是训是行，以近天子之光。曰：天子作民父母，以为天下王。

"六、三德：一曰正直，二曰刚克，三曰柔克。平康正直，强弗友刚克，燮友柔克。沉潜刚克，高明柔克。惟辟作福，惟辟作威，惟辟玉食。臣无有作福作威玉食，臣之有作福作威玉食，其害于而家，凶于而国。人用侧颇僻，民用僭忒。

……

"八、庶征：曰雨，曰旸，曰燠，曰寒，曰风。曰时五者来备，各以其叙，庶草蕃庑。一极备，凶；一极无，凶。曰休征：曰肃，时雨若；曰乂，时旸若；曰晢，时燠若；曰谋，时寒若；曰圣，时风若。曰咎征：曰狂，恒雨若；曰僭，恒旸若；曰豫，恒燠若；曰急，恒寒若；曰蒙，恒风若。曰王省惟岁，卿士惟月，师尹惟日。岁月日时无易，百谷用成，乂用明，俊民用章，家用平康。日月岁时既易，百谷用不成，乂用昏不明，俊民用微，家用不宁。庶民惟星，星有好风，星有好雨。日月之行，则有冬有夏。月之从星，则以风雨。

"九、五福：一曰寿，二曰富，三曰康宁，四曰攸好德，五曰考终命。六极：一曰凶、短、折，二曰疾，三曰忧，四曰贫，五曰恶，六曰弱。"

【译文】 ∶∶∶∶∶∶∶∶∶∶∶∶∶∶∶∶∶∶∶∶∶∶∶∶∶∶∶∶∶∶∶∶∶∶∶∶∶∶

周文王十三年时，武王拜访箕子。武王说道："啊！箕子，上天庇佑下民，帮助他们和睦地在一起生活，我不知道上天规定了哪些治国的常理和次序。"

箕子回答说："我听说从前鲧用堵塞的方法治理洪水，将水火木金土五行的排列扰乱了。天帝大怒，没有把九种治国大法给鲧。治国安邦的常理因此破坏了。鲧在流放中死去，禹继承了父业而兴起，上天于是就把九种大法赐给了禹，治国安邦的常理因此确立起来。

"第一是五行，第二是慎重做好五件事，第三是重视并努力施行八种政务，第四是合用五种记时方法，第五是建立君王统治的法则，第六是用三种德行治理臣民，第七是尊重并明智地运用卜筮来排除疑惑，第八是细致研究和利用各种征兆，第九是用五福劝勉鼓励臣民，用六极惩戒罪恶。

"一、五行：第一叫水，第二叫火，第三叫木，第四叫金，第五叫土。水向下湿润，火向上燃烧，木可以弯曲和拉直，金属可以按照人的意愿加工成不同形状，土壤可以种植庄稼收获粮食。向下湿润的水产生的是咸味，向上燃烧的火产生的是苦味，可曲可直的木产生的是酸味，可改变形状的金属产生的是辣味，可种植庄稼的土产生的是甜味。

"二、五事：一是态度，二是言论，三是观察，四是听闻，五是思考。态度要恭敬，言论要正当，观察要明白，听闻要聪敏，思考要通达。容貌恭敬就能严肃，言论正当天下就能大治，观察明白就不会受到蒙蔽，听闻聪敏就能判断正确，思考通达就能成为圣明的人。

"三、八种政务：一是管理农业和粮食生产，二是管理财物和贸易，三是管理祭祀，四是管理民居的居住与交通，五是管理教育，六是管理社会治安，七是接待宾客，八是管理军事事务。

"四、五种记时方法：一是年，二是月，三是日，四是观察星辰变化情况，五是按历法推算日月运行所经历的周天度数。

　　"五、统治法则：把五福集中起来，普遍赏赐给臣民，这样，臣民就会拥护统治法则。贡献给您保持统治法则的方法：凡是臣民，不允许结党营私，也不许各级官员狼狈为奸，只把君王看作榜样，把君王的法则看作最高统治法则。凡是有计谋、有作为、有操守的臣民，您要记住他们。行为不合法则，又没有构成犯罪的人，君主就应宽恕他们。如果有人和颜悦色对您说：'我所爱好的就是美德。'您要赐给他们一些好处。这样，人们就会接受并遵行统治法则。不要虐待那些无依无靠的人、不要畏惧显贵的人。对有能力有作为的人，要让他们有贡献才能的机会，这样，国家就会繁荣昌盛。凡是有丰厚待遇的官员，如果您不能使他们对国家做出贡献，那么臣民就会怪罪您了。对于那些德行不好的人，你即使赏赐给了他们好处，他们也会给您带来灾祸。不要有任何偏颇，要遵守王法；不要有任何私好，要遵守王道；不要为非作歹，要遵行正路。不偏私不结朋党，王道宽广；不结党不偏私，王道平坦；不违反王道，不偏离法度，王道就会正直。团结坚持统治法则的人，臣民就将归附统治法则。所以说，对以上陈述的统治法则，要宣扬训导，这就是顺从上天的旨意。凡是把天子宣布的法则当做最高统治法则的臣民，只要遵照执行，就会接近天子的光辉。也就是说，天子只有成为臣民的父母，才会成为天下的君王。

　　"六、三种德行：一是刚正直率，二是以刚强立事取胜，三是以柔顺立事取胜。中正平和就是正直，强硬不可亲近就是以刚取胜，和蔼可亲就是以柔取胜。要抑制过分刚强的人，推崇和顺可亲的人。只有天子才会为民造福，

五经

〇七七

只有天子才能给民惩戒，只有天子才能享用美食。臣子不允许为民造福、给民惩戒、享用美食。如果臣子有为民造福、给民惩戒、享用美食的情形，就会危及国家，祸乱国家。百官将因此背离王道，臣民也将因此犯上作乱。

……

"八、各种征兆：一是下雨，二是天晴，三是温暖，四是寒冷，五是刮风。如果这五种征兆俱全，并各自按时序发生，那么各种草木庄稼就会茂盛生长。如果其中一种天气过多，年成就不好；如果其中一种天气过少，年成也不好。各种好的征兆是：君王严肃恭敬，就像雨水及时降下；天下治理得好，就像天气及时晴朗；君主如果明智，就像气候及时温暖；君王深谋远虑，就像寒冷及时到来；君王圣明达理，就像春风及时吹来。各种不好的征兆是：君王狂妄傲慢，就像久雨不停；君王办事错乱，就像久旱无雨；君王贪图享乐，就像久热不退；君王严酷急躁，就像持久寒冷；君王昏庸愚昧，就像持久刮风。君王有了过失，就会影响一年；卿士有了过失，就会影响一月；一般官员有了过失，会影响一天。如果年月日的时序没有改变，那么各种庄稼都会丰收，政治就会清明，有才能的人会得到重用，国家因此太平安宁。如果日月年的时序改变了，那么各种庄稼就不能成熟，政治昏暗不明，有才能的人得不到重用，国家因此不得安宁。民众就像星辰，有的星辰喜欢风，有的星辰喜欢雨。太阳和月亮运行，就有了冬天和夏天。如果月亮顺从群星，那么就会风雨无常。

"九、五种幸福：一是长寿，二是富贵，三是健康平安，四是修行美德，五是长寿善终。六种不幸：一是短命夭折，二是多病，三是忧愁，四是贫穷，五是丑恶，六是懦弱。"

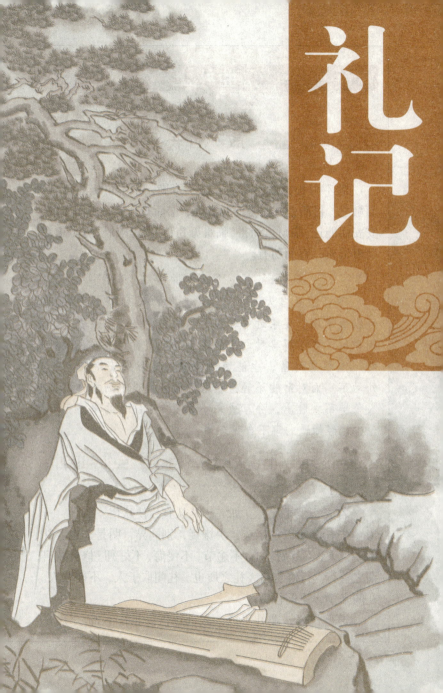

曲礼上

敖不可长

　　敖不可长，欲不可从，志不可满，乐不可极。贤者狎而敬之，畏而爱之。爱而知其恶，憎而知其善。积而能散，安安而能迁。临财毋苟得，临难毋苟免。很毋求胜，分毋求多。疑事毋质，直而勿有。

【译文】

　　不可骄傲自大，不可随心所欲，不可停步不前，不可纵情享乐。要亲近并尊重贤德的人，要心怀敬畏、敬爱拥护他。要了解喜爱之人的缺点，也要看到憎恶之人的长处。能积累财富，也能散财济贫；能身处安定，也能身处动荡。面对财物不轻易获取，面临危难不刻意逃离。与人争辩不求胜出，分享成果不贪多。不明白的事不妄下结论，已经知道的事不自我夸耀。

别于禽兽

【原文】

　　若夫，坐于尸，立如齐。礼从宜，使从俗。

　　夫礼者所以定亲疏，决嫌疑，别同异，明是非也。礼，不妄说人，不辞费。礼，不逾节，不侵侮，不好狎。修身践言，谓之善行。行修言道，礼之质也。礼闻取于人，不闻取人。礼闻来学，不闻往教。

　　道德仁义，非礼不成，教训正俗，非礼不备。分争辨讼，非礼不决。君臣上下父子兄弟，非礼不定。宦学事师，非礼不亲。班朝治军，莅官行法，非礼威严不行。祷祠祭祀，供给鬼神，非礼不诚不庄。是以君子恭敬撙节退让以明礼。

鹦鹉能言，不离飞鸟。猩猩能言，不离禽兽。今人而无礼，虽能言，不亦禽兽之心乎？夫唯禽兽无礼，故父子聚麀。是故圣人作，为礼以教人，使人以有礼，知自别于禽兽。

【译文】 ∶∷∷∷∷∷∷∷∷∷∷∷∷∷∷∷∷∷∷∷∷∷∷∷∷∷∷∷∷∷∷∷

作为成年人，坐时要像祭祀一般端庄，站时要像斋戒一般齐整。言行举止要符合规范，去往国外应入乡随俗。

礼是确定亲疏关系、判别嫌疑、区分异同、衡量是非的标准。遵循礼的标准，就不能随意讨好他人、轻易许诺。遵循礼的标准，就不能逾越界限、辱没他人，不能与他人假装亲热。注意自我修行，实践承诺，就是善行。举止有度，言语有道，才符合礼的根本。听说礼的标准，是让他人从自己这里取得益处，而不是从他人身上占便宜。听说礼的标准，是要虚心上门求学，而不是等施教者主动登门。

不践行礼的仁义道德就不能取得成就，不以礼教化民众就不可能完备，没有礼参与的争辩诉讼就不可能圆满解决。没有礼介入的君臣、上下、父子、兄弟之间的名分，就不可能明确。拜师学艺，没有礼的指导，师生关系就不会融洽。官员的等级编制，军队的治理，官员执法，没有礼就不能建立威信。因事祈祷、祭祀以及平常例行的祭祀、供奉神鬼，如果没有礼的程序，就无法体现诚心和庄严。这就是君子为什么要以恭敬、克己和退让来阐明礼。

鹦鹉能说话，仍旧是飞鸟。猩猩能说话，仍旧是禽兽。现今如果人不受礼的限制，即便能说话，不也和禽兽一样吗？就因为禽兽没有礼的限制，才会父子共同拥有一个妻子。因此，圣人出现，制定礼来教育感化人们，让人变得有礼，进而知道自己与禽兽有所区别。

礼尚往来

【原文】

太上贵德，其次务施报，礼尚往来。往而不来，非礼也；来而不往，亦非礼也。人有礼则安，无礼则危，故曰礼者不可不学也。夫礼者，自卑而尊人。虽负贩者，必有尊也，而况富贵乎？富贵而知好礼，则不骄不淫；贫贱而知好礼，则志不慑。

【译文】

上古时，人们崇尚道德，后却讲究回报，礼尚往来。施恩于人得不到回报，不合乎礼；得到他人施恩却不加报答，也不合乎礼。有礼的规范，社会才会安宁；缺少礼的规范，社会就会动荡。所以说，不能不学礼。礼的根本在于自己放下身段，尊重他人。即便是走街串巷的小贩，也会有让人敬重的方面，何况身处富贵的人呢？富贵而知晓礼，就会不骄不淫；贫贱而知晓礼，就会不卑不亢。

刑不上大夫

【原文】

国君抚式，大夫下之。大夫抚式，士下之。礼不下庶人，刑不上大夫。刑人不在君侧。武车绥旌，德车结旌。

【译文】

国君在路上看见大夫，抚式示礼，大夫要下车还礼。大夫在路上看见士，同样是抚式示礼，士要下车还礼。在路上看到百姓，就不用抚式示礼了，而且刑法也不用在大夫身上。在君王身边的人是不会被用刑的。武车上的旗要铺展开，德车上的旗要裹起来。

檀弓下

苛政猛于虎

【原文】

孔子过泰山侧，有妇人哭于墓者而哀。夫子式而听之，使子路问之。曰："子之哭也，壹似重有忧者。"而曰："然。昔者吾舅死于虎，吾夫又死焉，今吾子又死焉。"夫子曰："何为不去也？"曰："无苛政。"夫子曰："小子识之：苛政猛于虎也！"

【译文】

孔子从泰山脚下路过，有个妇人在坟墓前哭得很伤心。夫子立起身来靠在横木上倾听哭声，让子路去问问那个妇人是怎么回事。子路问："您哭得这么悲痛，好像有很伤心的事。"妇人就说："是的。从前我的公公被老虎吃了，后来我的丈夫也被老虎吃了，现在连我的儿子也被老虎吃了。"先生问道："那为什么不离开这里呢？"回答道："这里没有苛刻的暴政。"先生说："年轻人，要记住：苛刻的暴政比老虎还要凶猛可怕！"

不食嗟来之食

【原文】

齐大饥，黔敖为食于路，以待饥者食之。有饥者蒙袂辑屦贸贸然来。黔敖左奉食，右执饮，曰："嗟！来食。"扬其目而视之，曰："予唯不食嗟来之食，以至于斯也。"

从而谢焉，终不食而死。曾子闻之曰："微与？其嗟也可去，其谢也可食。"

【译文】

　　齐国出现大饥荒，黔敖准备好饭食放于路边，供路过的饥饿之人食用。一个饥饿之人用袖子遮挡着脸，筋疲力尽地缓慢走过来。黔敖左手拿饭，右手端汤，说："嗟！来吃吧！"那人扬起眉头抬眼盯着他说："我就是因为不愿意吃嗟来之食，才落到如此地步！"黔敖追过去，向他赔礼，他仍坚决不吃，最终饿死了。曾子听说了这件事后感叹道："不应该这样吧？黔敖无礼时，自然可拒绝，但其道歉后，就可以去吃了。"

学记

玉不琢，不成器

【原文】

发虑宪，求善良，足以谀闻，不足以动众。就贤体远，足以动众，未足以化民。君子如欲化民成俗，其必由学乎！

玉不琢，不成器。人不学，不知道。是故古之王者建国君民，教学为先。《兑命》曰："念终始典于学。"其此之谓乎！

虽有佳肴，弗食，不知其旨也。虽有至道，弗学，不知其善也。是故学然后知不足，教然后知困。知不足，然后能自反也。知困，然后能自强也。故曰：教学相长也。《兑命》曰："学学半。"其此之谓乎！

【译文】

发布政令，征求品德善良的人，只能取得小小的声誉，却不足以感动大众。接近贤明的人，亲近和自己疏远的人，就能感动大众，但还不能起到教化大众的作用。君子想要教化大众，并形成好的风俗，就必须从教育着手。

玉石不经雕琢，就不能变成好的器物；人不通过学习，就不会明白道理。所以，古代的君王建立国家，治理民众，都把教育作为首要的事情。《尚书·兑命》中说："始终要以设学施教为主。"说的大概就是这个道理吧！

虽然有可口美味的菜肴，不吃是不会知道它的甘美的；虽然有高深完善的道理，不学习也不会了解它的好处。所以，通过学习才能知道自己的不足，通过教人才能感到困惑。知道自己学业的不足，才能反过来严格要求自己；感到困惑，然后才能不倦地钻研。所以说：教与学是互相促进的。《兑命》说："教与学是一个事情的两个方面。"说的就是这个道理啊！

凡学之道

【原文】

凡学之道，严师为难。师严，然后道尊。道尊，然后民知敬学。是故君之所不臣于其臣者二：当其为尸，则弗臣也；当其为师，则弗臣也。大学之礼，虽诏于天子，无北面，所以尊师也。

善学者，师逸而功倍，又从而庸之。不善学者，师勤而功半，又从而怨之。善问者如攻坚木，先其易者，后其节目，及其久也，相说以解。不善问者反此。善待问者如撞钟，叩之以小者则小鸣，叩之以大者则大鸣；待其从容，然后尽其声。不善答问者反此。此皆进学之道也。

记问之学，不足以为人师。必也其听语乎！力不能问，然后语之。语之而不知，虽舍之可也。

良冶之子，必学为裘。良弓之子，必学为箕。始驾马者反之，车在马前。君子察于此三者，可以有志于学矣。

古之学者，比物丑类。鼓无当于五声，五声弗得不和。水无当于五色，五色弗得不章。学无当于五官，五官弗得不治。师无当于五服，五服弗得不亲。

君子曰："大德不官。大道不器。大信不约。大时不齐。"察于此四者，可以有志于本矣。三王之祭川也，皆先河而后海，或源也，或委也，此之谓务本。

　　凡是为学之道，尊敬老师是难能可贵的。教师受到尊敬，真理才会受到尊重。真理受到尊重，民众才懂得敬重学业。所以，君王不以对待臣子的礼节来对待臣子的情形有两种：一种是在祭祀中臣子担任祭主时，不应以臣下之礼来待他；另一种是臣子当君主的老师时，也不应以臣下之礼来待他。在大学的礼仪中，作老师的人虽然接受国君的召见，也不必按臣礼拜见他，这就是为了表示尊师重道。

　　善于学习的人，老师费力小而事半功倍，这要归功于老师教导有方。不善于学习的人，老师费力大而事倍功半，学生又会因此埋怨老师。善于提问的人，就像劈开坚硬的木材，先从容易处理的地方开始，再劈有木节的硬处，时间长了，问题就解决了。不善于提问的人与此恰恰相反。善于回答问题的老师，就像撞钟一样，轻轻敲击则钟声较小，重重敲击则钟声大响，直到钟从容鸣响，然后响声散尽。不善于回答问题的人与此恰恰相反。这些都是增进学业的方法。

　　只能记忆书上的各种知识，这样的人不足以做别人的老师。一定要善于听取学生对问题的理解，学生不能回答时要予以讲解。讲解后依旧不懂时，暂时放弃讲解也未尝不可。

　　优秀铁匠的儿子，必须先学习制作皮袄。优秀弓匠的儿子，必须先学习制作簸箕。刚开始训练的小马在车后，车在它前面。君子懂得了这三件事的道理，就可以立定求学的志向了。

　　古代学习的人，能够比较同类事物，从而触类旁通。

五
经

鼓的声音虽然比不上五声，但是五声没有鼓声的配合，就不会和谐。水跟五色不相关，但五色没有水来调和，就不鲜明。学习虽然比不上五官，但如果官吏不学习就不能施治。老师比不上五服之内的亲属，但没有老师的教诲，五服内的亲属就不会亲密起来。

君子说："具有大德行的人不限于担任一种官职。懂得大道理的人不局限于一定的用处。最讲诚信的人不必靠盟誓来约束。把握大时机的人行动并不整齐划一。"能懂得这四种道理，就能立志于根本。夏商周三代君王祭祀河流而后祭海，因为河是水的来源，海是河的汇集处，这就叫做致力于根本。

易经

乾卦

【原文】

乾元亨利贞。

【译文】

乾卦象征天。具有万物创始的伟大天圆，亨通顺利的成长，祥和有益前进，贞正坚固。

【原文】

初九潜龙勿用。

【译文】

初九：龙潜伏在水中，暂不宜有所作为。

【原文】

九二见龙在田，利见大人。

【译文】

九二：龙出现在田间，有利于大德之人出来治世。

【原文】

九三君子终日乾乾，夕惕若厉，无咎。

【译文】

九三：君子整天勤勤恳恳，即使在夜晚（整日），仍时刻警惕，谨慎行事。若此，虽有危险，亦不会遭受灾祸。

伏羲八卦次序

【原文】

九四或跃在渊，无咎。

【译文】

九四：游龙潜伏深谷之中，似跃而未跃，不会有过失。

【原文】

九五飞龙在天，利见大人。

【译文】

九五：龙高飞于天，利于大德之人出来治世。

【原文】

上九亢龙，有悔。

【译文】

上九：龙飞得过高，超过极限有悔。

【原文】

用九见群龙无首，吉。

【译文】

用九：出现一群龙，谁也不自居首领位置，则无过亢之灾，这是吉祥的现象。

【原文】

《象》曰：大哉乾元，万物资始，乃统天。云行雨施，品物流形；大明终始，六位时成，时乘六龙，以御天。乾道变化，各正性命，保合太和，乃利贞。首出庶物，万国咸宁。

【译文】

《彖传》说：博大的、象征万物创始的乾卦。万物依靠它而开始生长，它是统帅万物之本源。它使云朵飘行翻动，使雨水施洒降落，各种事物各具形态而不断发展。明亮的太阳周而复始，乾卦各爻按不同的时位组成，犹如六条龙接连驾御天地之间。天地自然变化形成万物的规律，万物各自运蓄精神，保持太和元气。如此则祥和有益，顺利贞固。天道创造万物，天下邦国和美昌顺。

【原文】

《象》曰：天行健；君子以自强不息。"潜龙勿用"，阳在下也。"见龙在田"，德施普也。"终日乾乾"，反复道也。"或跃在渊"，进无咎也。"飞龙在天"，大人造也。"亢龙，有悔"，盈不可久也。"用九"，天德不可为首也。

【译文】

《象传》说：乾卦如天道运行，刚强劲健。君子亦应如此，坚强振作，不断努力。"龙潜伏在水中，暂不宜有所作为"，所以初九之象，阳气刚刚萌生，自然居位低下。"龙出现在田间"，此象说明德业昭著，大德之人经潜藏休养，必会将大德普济于世。"整天勤勤恳恳"，表明唯恐行道，没有偏差。"潜伏深谷，或跃腾上进"，表明龙处在进取而无损害的时机。"龙高飞于天"，说明怀德之人可一举创就大业。"龙高亢至极，终会有所悔恨"，表示物极必反。"用九"，说明天之宏德也并非永居首位。

【原文】

《文言》曰："元"者，善之长也。"亨"者，嘉之会也。"利"者，义之和也。"贞"者，事之干也。君子体仁足以长人，嘉会足以合礼，利物足以和义，贞固足以干事。君子行此四德者，故曰："乾，元亨利贞。"

【译文】

《文言》说："元始是众善之首；亨通是事物完美的聚合；祥和有益是阴阳调和得宜；正固是处身行事的根本。因此君子用自己的行动体现实践至善的仁德，就能成为众人头领；能够使众善聚集一堂，就能够合于礼仪；能够施利万物，才足以使道义达到和谐；能够坚持固守节操，就能主持各类大事。惟有君子才能施行这四种美德，所以体现了乾卦所说的行善是万物创始的伟大根源、亨为合美、祥和有益、贞正坚固。"

【原文】

初九曰："潜龙勿用"，何谓也？子曰："龙德而隐者也。不易乎世，不成乎名，遁世无闷，不见是而无闷。乐则行之，忧则违之，确乎其不可拔，潜龙也。"

【译文】

初九的爻辞说："龙潜伏在水中，暂时不宜于有所作为。"这是什么意思呢？孔子指出："这是比喻像龙一样有德有才而隐居的人。世俗改变不了他的节操，他也不追逐功名；从世间隐退不会感到闷闷不乐，不被世人承认也不苦闷。能愉快地实现抱负时，便入世行道；感到忧虑时，便出世隐遁。信念坚定，从不动摇，这样君子的所为便是潜龙的德性。"

【原文】 ░░

　　九二曰："见龙在田。利见大人"，何谓也？子曰："龙德而正中者也。庸言之信，庸行之谨，闲邪存其诚。善世而不伐，德博而化。《易》曰：'见龙在田。利见大人。'君德也。"

【译文】 ░░

　　九二的爻辞说："龙出现在田野，对于大德之人出来治世是很有利的。"这是什么意思呢？孔子指出："这是指有龙一样的德性而行中正之道的人。这种人的日常言论说到做到，他的日常行动谨慎小心。防止一切邪念，心存诚实。虽然善行卓著，加惠世人，却不以此夸耀。以伟大广博的道德行为而感化世间一切。《周易》说：'龙出现在田野，利于大德之人出来治世。'这是指出现了君主品德的贤人。"

【原文】 ░░

　　九三曰："君子终日乾乾。夕惕若厉。无咎。"何谓也？子曰："君子进德修业。忠信所以进德也。修辞立其诚，所以居业也。知至至之，可与言几也。知终终之，可与存义也。是故居上位而不骄，在下位而不忧。故乾乾因其时而惕，虽危无咎矣。"

【译文】

九三的爻辞说："君子整天勤勉不息，提高警觉，即使在夜晚，仍时刻警惕，谨慎行事，如此，则虽有危险，却无灾祸。"这是什么意思呢？孔子指出："这是在说君子要增进美德、营修功业的道理。忠诚信实，是增进美德的主要基础。斟酌自己的文辞和言行，确立至诚的感情，是营修功业的根基。能把握时机，全力进取的人，可以跟他商讨事物发展的征兆；知道事物发展的结局，并可以以自己行动适应结局的人，可与他共同保存正义。能够做到这些，一个人就能够身居高位而不骄傲，处在下位也不忧愁，因而能够勤恳振作，自强不息，随时警惕，小心行事。如此，则虽处于危险之中，也不会有过错。"

【原文】

九四曰："或跃在渊，无咎"，何谓也？子曰："上下无常，非为邪也；进退无恒，非离群也。君子进德修业，欲及时也。故无咎。"

【译文】

九四的爻辞说："游龙或是潜伏深谷，或是似跃而未跃，都不会有什么灾祸。"这是什么意思呢？孔子指出："这比喻贤人的上升或下降，居高位或处低位，是常常变化的，这并非出于邪念；他的进取或引退也没有一定的规律，这种进退并不脱离众人。这说明，君子要想在品德和事业上都有所提高，得到成功。只能是把握时机，随着时势的变化而行动，这样的话就一定没有什么过错了。"

【原文】

　　九五曰："飞龙在天，利见大人。"何谓也？子曰："同声相应，同气相求。水流湿，火就燥。云从龙，风从虎。圣人作而万物睹。本乎天者亲上，本乎地者亲下，则各从其类也。"

【译文】

　　九五的爻辞说："龙高飞于天，对于大德之人出来治世非常有利。"这是什么意思呢？孔子指出："这是说同类的声音产生共鸣，同样的气息彼此吸引而投合；水向低洼潮湿处流，火往干燥之处燃烧；彩云随着龙飞而聚散，谷风随着虎跃而产生；圣贤之兴起使世间

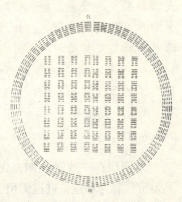

伏羲六十四卦图

万物各显其灵性。因而，以天为本的生物向上发展，依存于地的向下扎根，这就是一切事物各依其类别互相聚合的道理。"

【原文】

　　上九曰："亢龙、有悔。"何谓也？子曰："贵而无位，高而无民，贤人在下位而无辅，是以动而有悔也。"

【译文】

　　上九的爻辞说："龙飞得过高，超过极限，终将因为有过失而有所悔恨。"这是什么意思呢？孔子指出："这是

比喻高高在上，尊贵而失去拥戴的人君。这种崇高的地位使他脱离了众人，贤士能人都处在下位，因而他得不到他们的辅佐。所以，他在这种状态下稍有举动就会招来悔恨。"

【原文】

"潜龙勿用"，下也。"见龙在田"，时舍也。"终日乾乾"，行事也。"或跃在渊"，自试也。"飞龙在天"，上治也。"亢龙有悔"，穷之灾也。乾元"用九"，天下治也。

【译文】

所谓"龙潜伏在水中，暂不宜于有所作为"，是指德才兼备的人还处于低下地位，不能发挥作用。"龙出现在田野"，说明时势开始舒展，已得时得位了。"整天勤勉不息"，说明事业在付诸行动。"潜伏于深谷，或跃腾上进"，说明正处在自我考验的时期。"龙高飞于天"，表明已经获得高位，正施展抱负。"龙飞到极高位置，终将有所悔恨"，是说明爬上最高位置而不知改变，脱离群众，将带来灾难。天有元始之德而运用阳九的变化，说明天下大治乃势所必然。

【原文】

"潜龙勿用"，阳气潜藏。"见龙在田"，天下文明。"终日乾乾"，与时偕行。"或跃在渊"，乾道乃革。"飞龙在天"，乃位乎天德。"亢龙有悔"，与时偕极。乾元"用九"，乃见天则。

【译文】

所谓"龙潜伏在水中，暂不宜于有所作为"，是说阳气仍然潜伏隐藏着，没发生什么状况。"龙出现在田野"，说明天下能看到欣欣向荣的文明景象。"整天勤勉不息"，说明随着时间而向前发展；"潜伏于深谷，或跃腾上进"，说明天道此时已开始革新。"龙高飞于天"，说明位与天高，德与天齐；"龙飞到极高位置，终将有所悔恨"，说明随着时间的推移而达到了极限。天有元始之德而运用阳九主张的变化，这才合乎体现天道自然的法则。

【原文】••

乾"元"者，始而亨者也。"利贞"者，性情也。乾始能以美利利天下，不言所利，大矣哉。大哉乾乎！刚健中正，纯粹精也。六爻发挥，旁通情也。时乘六龙，以御天也。云行雨施，天下平也。

【译文】••

乾卦象征天，是万物创始的伟大根源，说明了它是创造天地万物亨通的起始。"祥和有益，贞正坚固"，是天的内在本性和外在情感。天创始了万物且广施利益于天下，但它却不言其利、居其功，这种精神真是伟大啊！伟大的天道啊，刚强劲健、居中守正，这一切都纯粹无瑕、精致不杂。六爻的无穷变化，沟通了万物的发展情理。无论何时都如同驾御六条龙运行于天。云彩飘行运动，雨水施洒降落，使天下万物均衡和谐地发展。

【原文】••

君子以成德为行，日可见之行也。"潜"之为言也，隐而未见，行而未成，是以君子"弗用"也。

【译文】••

君子的行为，以完善品德修养为目的，而且这些是在日常言行中都可以体现出来的。乾卦初爻所说的"潜"的意思，是说在应当隐藏着，还未能显露时，行动时机还未到，所以君子暂时还不能施展才用。

【原文】

君子学以聚之，问以辨之，宽以居之，仁以行之。《易》曰："见龙在田。利见大人。"君德也。

【译文】

君子通过学习来积累知识，抱着怀疑的态度来解决疑难，以宽厚仁恕之心待人接物，以仁爱之心指导行为。《周易》说："龙出现在田野，利于遇见伟大的人物。"这是指这种"有德之人"具备了作为一个国君的品德，所以得到人民拥戴。

【原文】

九三，重刚而不中，上不在天，下不在田，故"乾乾"因其时而"惕"，虽危"无咎"矣。

【译文】

乾卦的九三爻正处阳位，多重阳刚相叠，不得居于中位，因此上不达天，下不着地，所以要勤勉不息，自强不息，顺应时机，随时保持警惕。如此，则即使面临危险，也没有什么灾祸了。

【原文】

九四，重刚而不中，上不在天，下不在田，中不在人，故"或"之。或之者，疑之也。故"无咎"。

　　乾卦的九四爻阳刚过重而不适中，因此上不达天，下不着地，而且不在人能居住的位置，因而"或"之。强调"或"的意思，是指应有所疑虑，多方审度，也就不会有过失灾难了。

【原文】⋅⋅

　　夫"大人"者，与天地合其德，与日月合其明，与四时合其序，与鬼神合其吉凶。先天而天弗违，后天而奉天时，天且弗违，而况于人乎？况于鬼神乎？

【译文】⋅⋅

　　乾卦九五爻辞中所说的有德之人，他的德行，要像天地一样覆载万物；他的圣明，要像日月那样普照大地；他的进退，要像四季交替一样井然有序；他的吉凶，要与鬼神的吉凶契合；他的作为，先于天象而行动，但却也不违反天道，后于天象而处事，仍能奉行天道运行的规律。他尚不违背上天，更何况人呢？更何况鬼神呢？

【原文】⋅⋅

　　"亢"之为言也，知进而不知退，知存而不知亡，知得而不知丧。其唯圣人乎？知进退存亡而不失其正者，其唯圣人乎。

【译文】⋅⋅

　　乾卦上九爻辞说的"亢"，是指高到极点只知道进取，而不知道引退；只知道生存，而不知道终将衰亡；只知道获取，而不知道放弃。大概只有圣人才是明智的吧！那些深知进取、引退、生存、灭亡的道理，而又不偏失它的正道的人，难道不就是我们所称赞的圣人吗！

坤卦

【原文】

坤元亨利牝马之贞。君子有攸往。先迷后得。主利。西南得朋。东北丧朋。安贞吉。

【译文】

坤卦象征地，具有伟大的、元始亨通的德性，像雌马一样守持正固是最有利的。君子有所往求，如果遇事争先居首则会迷失方向，如果跟随人后，就会找到主人，因而获得利益。往西南方可以获得可观收获，往东北方将受到损失。卜问是否平安，结果是吉祥。

【原文】

《彖》曰：至哉坤"元"，万物资生，乃顺承天。坤厚载物，德合无疆。含弘光大，品物咸"亨"。"牝马"地类，行地无疆，柔顺"利贞"。

【译文】

《彖传》说："广阔无垠的大地啊，是生成万物的根源！万物都靠它而成长，它柔顺地秉承天道的法则。大地深厚且载育着万物，它的功德广阔无穷。它含藏了弘博、光明、远大的功能，使万物都顺利地成长。雌马属地上走兽，具有在大地上无限奔驰的能力，它的性情柔顺、祥和，有利于守持正道。

【原文】 ∷∷∷∷∷∷∷∷∷∷∷∷∷∷∷∷∷∷∷∷∷∷∷∷∷∷∷∷∷∷

　　"君子"攸行，"先迷"失道，"后"顺"得"常。"西南得朋"，乃与类行。"东北丧朋"，乃终有庆。"安贞"之"吉"，应地无疆。

【译文】 ∷∷∷∷∷∷∷∷∷∷∷∷∷∷∷∷∷∷∷∷∷∷∷∷∷∷∷∷∷∷

　　君子应当效法这种品德而行动，如果遇事争先居首就会迷失方向，如果跟在人后顺随大势就能找到常规。往西南方向可以得到利益，是因为与同类同行；往东北方向将有所损失，尽管如此，但最终结果仍然有吉庆。安顺并且守持正固的行动将会是吉祥的，因为应合了大地广阔无垠的柔顺之德。

【原文】 ∷∷∷∷∷∷∷∷∷∷∷∷∷∷∷∷∷∷∷∷∷∷∷∷∷∷∷∷∷∷

　　《象》曰：地势，坤。君子以厚德载物。

【译文】 ∷∷∷∷∷∷∷∷∷∷∷∷∷∷∷∷∷∷∷∷∷∷∷∷∷∷∷∷∷∷

　　《象传》说：坤卦象征大地顺承的特征。君子应当效法大地的宽厚、和顺的德性，容载万物。

【原文】 ∷∷∷∷∷∷∷∷∷∷∷∷∷∷∷∷∷

　　初六履霜坚冰至。

　　《象》曰："履

上古初经八卦图

霜坚冰"，阴始凝也。驯致其道，至坚冰也。

【译文】 ::

初六，当踩到地面上的薄霜，便可知道结坚冰的寒冬要到了。

《象传》说："当踩到地面上的薄霜，便可知道结坚冰的寒冬要到了。"是指阴气开始凝聚，按自然规律，冰雪寒冬将至了。

【原文】 ::

六二直方大，不习无不利。

《象》曰："六二"之动，"直"以"方"也。"不习无不利"，地道光也。

【译文】 ::

六二，大地是正直、端方、宏大的，一个人具备了这样的德性，即使不学习也不会不利。

《象传》说：六二这一爻指引的行动，趋向正直端方。"不学习也不会不利"是大地法则的光明伟大。

【原文】 ::

六三含章可贞。或从王事。无成有终。

《象》曰："含章可贞"，以时发也。"或从王事"，知光大也。

【译文】 ::

六三，蕴含美好的内涵，可以守持正固。若能辅助君王的事业，虽无成就，却将取得好的结果。

《象传》说："蕴含美好的内涵，可以守持正固"，指要把握时机发挥作用。"若能辅助君王的事业",指智慧的光明远大,知道自己如何发挥才能。

六四括囊。无咎无誉。

《象》曰:"括囊,无咎",慎不害也。

六四,将口袋收紧,虽然得不到赞誉,但可免遭灾难。

《象传》说:"将口袋收紧可免遭灾难",是指应当收敛,谨言慎行才会免遭祸患。

六五黄裳,元吉。

《象》曰:"黄裳,元吉",文在中也。

六五,黄色的衣裳,会有吉祥。

《象传》说:"黄色的衣裳,会有吉祥",是指应以温文之美德守持中道。

上六龙战于野。其血玄黄。

《象》曰:"龙战于野",其道穷也。

上六,龙在旷野里战斗,流出黑黄色的血。

《象传》说:"龙在旷野里战斗",表示已经处于穷途末路。

【原文】

用六利永贞。

《象》曰："用六永贞"，以大终也。

【译文】

用"六"数，有利于永久守持正固。

《象传》说：用六数"永久守持正固"，说明人要永远刚正不阿就会实现远大目标。

【原文】

《文言》曰：坤至柔而动也刚，至静而德方，后得主而有常，含万物而化光。坤道其顺乎，承天而时行。

【译文】

《文言》说：大地的德性是极为柔顺的，但变动时则显示出刚强；虽然极为安静，但柔美的品德却传布四方。尽管是后一步，来主持万物生长，却自有一定的规律，能包容万物并使其生长光大。大地的法则是多么的柔顺啊！它秉承天的意志而顺时运行。

【原文】

积善之家必有余庆，积不善之家必有余殃。臣弑其君，子弑其父。非一朝一夕之故，其所由来渐矣，由辩之不早辩也。

【译文】

修积善行的人家，必定有很多吉庆；累积恶行的人家，必然留下很多的殃祸。凡是臣下杀死君王，儿子刺杀父亲，这都不是一朝一夕偶然产生的，而是日积月累逐渐演变而成的，是由于君王父亲们没能早日洞察处理。

【原文】

《易》曰："履霜坚冰至。"盖言顺也。"直"其正也，"方"其义也。君子敬以直内，义以方外。敬义立而德不孤。"直方大。不习无不利"，则不疑其所行也。

【译文】

《周易》说："踩到地面上的薄霜便可知道冰雪寒冬要到了。"那是说明事物发展的自然规律。"直"是说为人应品性纯正，"方"是指办事应合乎理义。君子以恭敬慎重的态度作为内心的正直准则；以合乎理义的行为处理外界事务。只要做到恭敬的态度和合适地处事，就能广布美德，得到众人的信任支持。所以说，"只要能做到正直、端方、宏大，哪怕不学习也不会不利"，这样他对自己的立身行事就不会有什么疑惑不定了。

【原文】

阴虽有美，"含"之以从王事，弗敢成也。地道也，妻道也，臣道也。地道"无成"而代"有终"也。

【译文】

阴柔固然是美德，但要含蓄隐藏。用以辅助君王的事业时，不可以居功。这是大地的法则，为妻的原则，称臣的原则。地道顺天道的法则表明了有成就而不居功，实际上是在时序的交替中继续天道，使事情达到预期效果。

【原文】

天地变化，草木蕃。天地闭，贤人隐。《易》曰："括

囊，无咎无誉。”盖言谨也。

【译文】

天地的自然变化，使一切草木茂盛繁衍。如果天地闭塞昏暗，那贤人能士都会隐退避世。《周易》说："将口袋收紧，虽然得不到赞誉，却可免遭灾难。"这是在说要谨慎处世的道理。

【原文】

君子"黄"中通理，正位居体，美在其中。而畅于四支，发于事业，美之至也。

【译文】

君子应当具有黄色中和的美好品质，通情达理，应使自己保持在正确的位置。将这种美德蕴存于心，自然畅达于四肢，从而发展于事业，便达到了美的极致。

【原文】

阴凝于阳必"战"，为其兼于无阳也，故称"龙"焉。犹未离其类也，故称"血"焉。夫"玄黄"者，天地之杂也。天玄而地黄。

【译文】

阴达极盛近似于阳时，必会引起争战。这是因为阴气发展达于极盛，好像阳已经不存在了，所以上六爻辞称龙；而阴并不曾离开同类，所以上六爻辞中又称代表阴柔之血。所谓天地玄黄，是指天地争战中混合的色相：天为青苍的黑色，而地本来就是黄色。

坎卦

【原文】

习坎有孚。唯心亨。行有尚。

【译文】

坎卦象征重重险陷。胸怀诚信，心中便豁然贯通。意志坚定而刚毅的行为将受到尊重。

【原文】

《彖》曰：习坎，重险也。水流而不盈，行险而不失其信。"维心亨"，乃以刚中也。"行有尚"，往有功也，天险不可升也，地险山川丘陵也。王公设险以守其国，险之时用大矣哉。

【译文】

《彖传》说："习坎"，是重重险陷的意思。水流陷穴不见盈满，行走在凶险之境而坚定地信守其不盈不流的本性。"心中豁然贯通"，是指刚毅中正的德行。"意志坚定而刚毅的行为将受到尊重"，说明往前进发必可建功。天险高远，如日月天空不可得而升，地险有崇山峻岭河川丘陵。王公效法天地设置城池之险，巩固国防，可见险陷因时制宜的伟大作用。

【原文】

《象》曰：水洊至，习坎。君子以常德行，习教事。

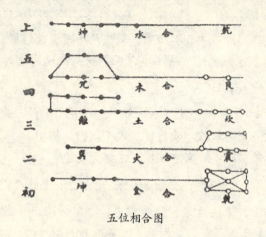

五位相合图

【译文】

《象传》说：水流滚滚而来，象征着险难重重。君子应效法这种精神，恒久保持美德，并从事于教化育人的事业。

【原文】

初六习坎。入于坎窞。凶。

《象》曰："习坎入坎"，失道"凶"也。

【译文】

初六，面临重重险难，再坠入穴陷深处，有凶险。

《象传》说："面临重重险难，再坠入穴陷深处"，说明初六失去正道，必有凶险。

【原文】

九二坎有险。求小得。

《象》曰："求小得"，未出中也。

【译文】

九二，险难中还有险难，只能从小事谋求解脱。

《象传》说："从小事谋求解脱"，说明此时尚未走出危险。

【原文】

六三来之坎坎。险且枕。入于坎窞。勿用。

《象》曰："来之坎坎"，终无功也。

【译文】

六三，来去之路皆险难重重，往前凶险，后退亦不安全，这是落入了陷穴的深处，不能有所行动。

《象传》说："来去之路皆险难重重"，说明妄动终无成功可能。

【原文】

六四樽酒簋贰。用缶。纳约自牖。终无咎。

《象》曰："樽酒簋贰"，刚柔际也。

【译文】

六四，一樽酒，一盘饭，用朴质的瓦器盛着，从窗户送入这些简单的食物，终于没有灾祸。

《象传》说："一樽酒，一盘饭"，说明患难与共，刚柔相济，自然可以君臣同心。

【原文】

九五坎不盈。祗既平。无咎。

《象》曰："坎不盈"，中未大也。

【译文】 ∷∷∷∷∷∷∷∷∷∷∷∷∷∷∷∷∷∷∷∷∷∷∷∷∷∷∷∷∷∷∷∷∷∷∷∷

九五，坎险没有填满，小丘已被铲平，没有灾咎，

《象传》说："坎险没有填满"，说明中正而不
自大。

【原文】 ∷∷∷∷∷∷∷∷∷∷∷∷∷∷∷∷∷∷∷∷∷∷∷∷∷∷∷∷∷∷∷∷∷∷∷∷

上六系用徽纆。寘于丛棘。三岁不得。凶。

《象》曰："上六"失道，"凶""三岁"也。

【译文】 ∷∷∷∷∷∷∷∷∷∷∷∷∷∷∷∷∷∷∷∷∷∷∷∷∷∷∷∷∷∷∷∷∷∷∷∷

上六，用绳索重重束缚，放置在荆棘丛中，三年都不
能解救，凶险。

《象传》说：这是上六违背天道，凶险要连续三年。

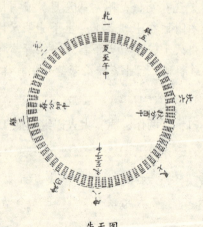

先天图

离卦

【原文】

离利贞。亨。畜牝牛。吉。

【译文】

离卦象征附丽，利于坚守正道，亨通顺利。畜养母牛吉祥。

【原文】

《彖》曰：离，丽也。日月丽乎天，百谷草木丽乎土，重明以丽乎正，乃化成天下。柔丽乎中正，故"亨"。是以"畜牝牛吉"也。

【译文】

《彖传》说：离，是附丽的意思。日月附丽于天空之中，百谷草木附丽在土地之上。上下光明又附丽于正道，所以能够教化天下，促成天下昌盛。柔顺者附丽于中正之道，因此亨通顺利，因此畜养柔顺的母牛吉祥。

【原文】

《象》曰：明两作，离。大人以继明照于四方。

【译文】

《象传》说：太阳一次又一次升起，象征着"附丽"。伟大之人效法此精神，以连续不断的光明照耀四方。

　　初九履错然。敬之。无咎。

　　《象》曰："履错"之"敬"，以辟咎也。

　　初九，步履错乱无序，恭敬谨慎地对待，不会有灾咎。

　　《象传》说："步履错乱无序，恭敬谨慎地对待"，说明这样是为了避免失误。

　　六二黄离。元吉。

　　《象》曰："黄离元吉"，得中道也。

　　六二，被黄色所附着，至为吉祥。

　　《象传》说："被黄色所附着，至为吉祥"，说明六二阴爻得益于居守中庸之道。

　　九三日昃之离。不鼓缶而歌。则大耋之嗟。凶。

　　《象》曰："日昃之离"，何可久也。

　　九三，夕阳垂挂在西天边，应敲击瓦缶高歌，否则将导致老暮穷衰的嗟叹，有凶险。

　　《象传》说："夕阳垂挂在西天边"，此景怎么可以长久呢？

五
经

一二三

【原文】 ⋯⋯⋯⋯⋯⋯⋯⋯⋯⋯⋯⋯⋯⋯⋯⋯⋯⋯⋯⋯⋯⋯⋯⋯⋯⋯⋯⋯

　　九四突如其来如。焚如。死如。弃如。
　　《象》曰："突如其来如"，无所容也。

【译文】 ⋯⋯⋯⋯⋯⋯⋯⋯⋯⋯⋯⋯⋯⋯⋯⋯⋯⋯⋯⋯⋯⋯⋯⋯⋯⋯⋯⋯

　　九四，离日突然间升起，如烈火焚烧，顷刻间又消散灭亡，舍弃净尽。
　　《象传》说："离日突然间升起"，说明难以久容于天地。

【原文】 ⋯⋯⋯⋯⋯⋯⋯⋯⋯⋯⋯⋯⋯⋯⋯⋯⋯⋯⋯⋯⋯⋯⋯⋯⋯⋯⋯⋯

　　六五出涕沱若。戚嗟若。吉。
　　《象》曰："六五"之"吉"，离王公也。

【译文】 ⋯⋯⋯⋯⋯⋯⋯⋯⋯⋯⋯⋯⋯⋯⋯⋯⋯⋯⋯⋯⋯⋯⋯⋯⋯⋯⋯⋯

　　六五，泪水滂沱不绝地流，哀伤叹息，吉祥。
　　《象传》说：六五的吉祥，是因附丽于王公的尊位上。

【原文】 ⋯⋯⋯⋯⋯⋯⋯⋯⋯⋯⋯⋯⋯⋯⋯⋯⋯⋯⋯⋯⋯⋯⋯⋯⋯⋯⋯⋯

　　上九王用出征。有嘉。斩首。获匪其丑。无咎。
　　《象》曰："王用出征"，以正邦也。

【译文】 ⋯⋯⋯⋯⋯⋯⋯⋯⋯⋯⋯⋯⋯⋯⋯⋯⋯⋯⋯⋯⋯⋯⋯⋯⋯⋯⋯⋯

　　上九，君王出师征讨，有丰功佳绩，折斩敌方首领的头，俘虏其下属，一无过错。
　　《象传》说："君王出师征讨"，是为了端正邦国，治理天下。"俘虏其下属"，是取得了重大战功。

震卦

【原文】

震亨。震来虩虩。笑言哑哑。震惊百里。不丧匕鬯。

【译文】

震卦象征震动，亨通顺利。雷电袭来万物恐惧，然后戒惧慎行遂能谈笑自若，雷声惊动百里，而祭主没有被惊吓致失落手中的酒匙。

【原文】

《彖》曰："震，亨"，"震来虩虩"，恐致福也。"笑言哑哑"，后有则也。"震惊百里"，惊远而惧迩也。出可以守宗庙社稷，以为祭主也。

【译文】

《彖传》说：震动可致亨通顺利。"雷电袭来万物惶恐惊惧"，说明恐惧而戒备能带来福泽。"戒惧慎行遂能谈笑自若"，说明警惧之后就能防范于未然。"雷声惊动百里"，以致远近都震惊恐惧，防范于未然。继承大业的长子能做到如此，说明他出来能够长守宗庙社稷的安危，成为祭祀典礼的主持人。

【原文】

《象》曰：洊雷，震。君子以恐惧修省。

【译文】

《象传》说：接连不断的轰轰震雷，象征震动。君子当效法于此，心怀惊惧，自我修身反省。

【原文】……………………………………

初九震来虩虩。后笑言哑哑。吉。

《象》曰："震来虩虩"，恐致福也。"笑言哑哑"，"后"有则也。

【译文】……………………………………

初九，雷电袭来万物恐惧，然后戒惧慎行遂能谈笑自若，吉祥。

《象传》说："雷电袭来万物恐惧"，说明恐惧而戒备能带来福泽。"戒惧慎行遂能谈笑自若"，说明恐惧能使其拥有做事准则。

【原文】……………………………………

六二震来厉。亿丧贝。跻于九陵。勿逐。七日得。

《象》曰："震来厉"，乘刚也。

【译文】……………………………………

六二，震动骤至，有危险。大大地丧失财帛，应当登上高峻的九陵高山以远避，不要去追索，七天后将失而复得。

《象传》说："震动骤至，有危险"，说明性本柔弱却偏乘凌在阳刚之上。

【原文】……………………………………

六三震苏苏。震行无眚。

《象》曰："震苏苏"，位不当也。

【译文】……………………………………

六三，震动之时恐惧不安，因雷动而谨慎前行将不遭祸患。

《象传》说："震动之时恐惧不安"，说明阴居阳位，位置不妥当。

【原文】……………………………………

九四震遂泥。

《象》曰："震遂泥"，未光也。

【译文】

九四，震动之时惊落泥潭。

《象传》说："震动之时惊落泥潭"，说明阳刚之德没能发扬光大。

【原文】

六五震往来厉。亿无丧有事。

《象》曰："震往来厉"，危行也。其事在中，大"无丧"也。

【译文】

六五，震动之时上下来往行动有危险。万无一失，长保祭祀盛事。

《象传》说："震动之时上下来往行动有危险"，说明谋事在中正之位，幺允无偏，不会有太大损失。

【原文】

上六震索索。视矍矍。征凶。震不于其躬。于其邻。无咎。婚媾有言。

《象》曰："震索索"，未得中也。虽"凶"无咎，畏邻戒也。

【译文】

上六，震动之时畏畏缩缩，两目惶恐不安，若行动会有凶险。震动还没波及自身，而只是波及近邻时，没有过错，婚媾将导致闲言。

《象传》说："震动之时畏畏缩缩"，说明上六未修得中正之德。虽然凶险没遭过错，是因为畏惧近邻所受的震惊而心存戒备之故。

艮卦

【原文】

艮其背。不获其身。行其庭。不见其人。无咎。

【译文】

艮卦象征抑止，抑止其背部的活动，其身体不能面向所抑止的地方。犹如在庭院中行走，没看见背后的人，没有过错。

【原文】

《彖》曰：艮，止也。时止则止，时行则行。动静不失其时，其道光明。艮其止，止其所也。上下敌应，不相与也。是以"不获其身。行其庭，不见其人。无咎"也。

【译文】

《彖传》说：艮的意思是抑止。应当停止时就停止，可以行动时就行动，动与静都不失时机，前途必然光明。"抑止其背部的活动"，说明抑止要适得其所。全卦六爻上下相互敌对，不能相应。所以说"其身体不能面向所抑止的地方，尤如在庭院中行走，没看见背后的人，没有过错"。

【原文】

《象》曰：兼山，艮。君子以思不出其位。

【译文】

《象传》说：两山重叠，象征抑止。君子体察此现象，经常考虑行动不应超越本位。

【原文】 ··

初六艮其趾。无咎。利永贞。

《象》曰：“艮其趾”，未失正也。

【译文】 ··

初六，抑止其脚趾的行动，没有过错，利于永久坚守正道。

《象传》说：“抑止其脚趾的行动”，说明没有离失正道。

【原文】 ··

六二艮其腓。不拯其随。其心不快。

《象》曰：“不拯其随”，未退听也。

【译文】 ··

六二，抑止其小腿的行动，无法举步向上承应跟随，心里不痛快。

《象传》说：“无法举步向上承应跟随”，这是由于未能听从其劝导退回。

【原文】 ··

九三艮其限。列其夤。厉熏心。

《象》曰：“艮其限”，危“熏心”也。

【译文】 ··

九三，抑止其腰部的行动，脊肉撕裂，危险就像烈火一样熏灼其心。

《象传》说：“抑止其腰部的行动”，说明身处的危险像烈火一样熏烤其心。

【原文】

　　六四艮其身。无咎。
　　《象》曰："艮其身"，止诸躬也。

【译文】

　　六四，抑止上身的活动，没有过错。
　　《象传》说："抑止上身的活动"，说明能自己控制而保持正直。

【原文】

　　六五艮其辅。言有序。悔亡。
　　《象》曰："艮其辅"，以中正也。

【译文】

　　六五，抑止其口，说话中肯而条理分明，悔恨消亡。
　　《象传》说："抑止其口"，因为不偏倚，正确无误。

【原文】

　　上九敦艮吉。
　　《象》曰："敦艮"之"吉"，以厚终也。

【译文】

　　上九，敦厚而知足知止，吉利。
　　《象传》说："谨慎敦厚而知足知止的吉利"，说明上九能以敦厚的品德获得善终。

巽卦

【原文】

巽小亨。利有攸往。利见大人。

【译文】

巽卦象征顺逊，小有亨通顺利，利于前往进见伟大的人物。

【原文】

《彖》曰：重巽以申命。刚巽乎中正而志行。柔皆顺乎刚，是以"小亨。利有攸往。利见大人"。

【译文】

《彖传》说：上下顺逊是为了三令五申其命令。阳刚尊者以中正的美德被人顺从而得以遂行其志向，柔弱者都顺从阳刚者，所以"小有亨通顺利，利于前往进见伟大的人物"。

【原文】

《象》曰：随风，巽。君子以申命行事。

【译文】

《象传》说：和风不断地吹拂，象征顺逊。君子体察这种现象，大胆地申谕命令，果断施行政事。

【原文】

初六进退。利武人之贞。

《象》曰："进退"，志疑也。"利武人之贞"，志治也。

【译文】 ::

初六，进退不决，利于勇武之人坚守正道。

《象传》说："进退不决"，说明志向犹疑。"利于勇武之人坚守正道"，是说要修治武人般刚勇的心志。

【原文】 ::

九二巽在床下。用史巫。纷若吉。无咎。

《象》曰："纷若"之"吉"，得中也。

【译文】 ::

九二，顺逊卑居床底，如果能像史官巫吏那样以谦卑诚意敬神，吉祥没有灾咎。

《象传》说："如果能像史官巫吏那样以谦卑诚意敬神吉祥"，因为德行居中不偏。

【原文】 ::

九三频巽吝。

《象》曰："频巽"之"吝"，志穷也。

【译文】 ::

九三，频频表示顺逊，有憾惜。

《象传》说："频频表示顺逊带来憾惜"，说明丧失了坚定志向。

【原文】 ::

六四悔亡，田获三品。

《象》曰："田获三品"，有功也。

【译文】 ::

六四，悔恨消亡，田猎获取祭祀、饭宴和家用三类

猎物。

《象传》说："田猎获取祭祀、饭宴和家用三类猎物"，表明功绩卓著。

【原文】

九五贞吉悔亡。无不利。无初有终。先庚三日。后庚三日。吉。

《象》曰："九五"之"吉"，位正中也。

【译文】

九五：坚守正道吉祥，悔恨消亡，没有不利。开始或许不顺利，最终会有好结果。在象征变更的庚日之前三日布令，三日之后实行命令，吉祥。

《象传》说：九五的吉祥，是因为它居处的位置持中守正。

【原文】

上九巽在床下。丧其资斧。贞凶。

《象》曰："巽在床下"，上穷也。"丧其资斧"，正乎"凶"也。

【译文】

上九，顺逊至极地伏在床底，就像丢失了钱财。坚守正道以防凶险。

《象传》说："顺逊至极地伏在床底"，说明已达极端穷困的地步。"丢失了钱财"，说明应守持刚正以防凶险。

兑卦

【原文】

兑亨。利贞。

【译文】

兑卦象征喜悦,亨通顺利,利于坚守正道。

【原文】

《彖》曰:兑,说也。刚中而柔外,说以"利贞",是以顺乎天而应乎人。说以先民,民忘其劳。说以犯难,民忘其死。说之大,民劝矣哉。

【译文】

《彖传》说:兑的意思是喜悦。它内里刚强而外表谦柔,能使人喜悦,利于坚守正道。因此喜悦必须上顺天意,下应民情。凡事以使人民喜悦为先,那么百姓就会任劳忘苦。高兴地奔赴危难不避艰险,那么百姓也会舍生忘死。喜悦的意义是多么伟大,它能鼓舞发起民众。

【原文】

《象》曰:丽泽,兑。君子以朋友讲习。

【译文】

《象传》说:泽水相连互通,象征喜悦。君子体察此种现象,会聚朋友一起相互讨论学习。

初九和兑吉。

《象》曰："和兑"之"吉"，行未疑也。

【译文】

初九，和悦待人，吉祥。

《象传》说："和悦待人吉祥"，说明友善行为光明正大不被人疑忌。

【原文】

九二孚兑吉。悔亡。

《象》曰："孚兑"之"吉"，信志也。

【译文】

九二，心中诚信和悦待人，吉祥，悔恨消亡。

《象传》说："心中诚信和悦待人"，表明志在诚信。

【原文】

六三来兑凶。

《象》曰："来兑"之"凶"，位不当也。

【译文】

六三，前来取悦于人，有凶险。

《象传》说："前来笑脸取悦于人，有凶险"，说明居位不妥当。

【原文】

九四商兑未宁。介疾有喜。

《象》曰："九四"之"喜"，有庆也。

　　九四：心中思度所喜悦之事不能安宁，治愈邪疾必有喜庆。

　　《象传》说：病愈之喜，是因为有值得庆贺的现象。

【原文】

　　九五孚于剥。有厉。

　　《象》曰："孚于剥"，位正当也。

【译文】

　　九五，施诚信于失信之人，有危险。

　　《象传》说："施诚信于失信之人"，这是因为正当君位的原因。

【原文】

　　上六引兑。

　　《象》曰："上六""引兑"，未光也。

【译文】

　　上六，沉溺于引诱取悦于人。

　　《象传》说：上六"引诱取悦于人"，说明它的喜悦之道尚未光大。

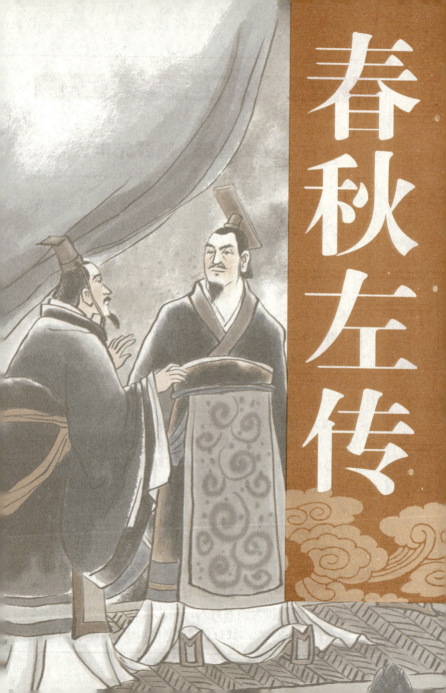

春秋左传

多行不义必自毙（隐公元年）

【原文】

　　初，郑武公娶于申，曰武姜，生庄公及共叔段。庄公寤生，惊姜氏，故名曰寤生，遂恶之。爱共叔段，欲立之。亟请于武公，公弗许。及庄公即位，为之请制。公曰："制，岩邑也，虢叔死焉，佗邑唯命。"请京，使居之，谓之京城大叔。祭仲曰："都，城过百雉，国之害也。先王之制：大都不过参国之一；中五之一；小九之一。今京不度，非制也，君将不堪。"公曰："姜氏欲之，焉辟害？"对曰："姜氏何厌之有？不如早为之所，无使滋蔓！蔓，难图也。蔓草犹不可除，况君之宠弟乎？"公曰："多行不义，必自毙，子姑待之。"

　　既而大叔命西鄙、北鄙贰于己。公子吕曰："国不堪贰，君将若之何？欲与大叔，臣请事之；若弗与，则请除之。无生民心。"公曰："无庸，将自及。"大叔又收贰以为己邑，至于廪延。子封曰："可矣，厚将得众。"公曰："不义不暱，厚将崩。"

　　大叔完聚，缮甲兵，具卒乘，将袭郑，夫人将启之。公闻其期，曰："可矣！"命子封帅车二百乘以伐京。京叛大叔段，段入于鄢，公伐诸鄢。五月辛丑，大叔出奔共。

　　遂置姜氏于城颍，而誓之曰："不及黄泉，无相见也。"既而悔之。颍考叔为颍谷封人，闻之，有献于公，公赐之食，食舍肉。公问之，对曰："小人有母，皆尝小人之食矣，

未尝君之羹，请以遗之。"公曰："尔有母遗，繄我独无！"颍考叔曰："敢问何谓也？"公语之故，且告之悔。对曰："君何患焉？若阙地及泉，隧而相见，其谁曰不然？"公从之。公入而赋："大隧之中，其乐也融融！"姜出而赋："大隧之外，其乐也泄泄！"遂为母子如初。

君子曰："颍考叔，纯孝也，爱其母，施及庄公。《诗》曰'孝子不匮，永锡尔类。'其是之谓乎！"

【译文】

起初，郑武公娶了一名申国女子，被称为武姜，武姜生有庄公和共叔段两个儿子。庄公出生时难产，脚先出来头后出来，武姜受到惊吓，因此为他取名"寤生"，非常厌恶他。武姜偏爱共叔段，想立他为世子，多次要求武公改立共叔段，武公都不答应。庄公即位后，武姜请求将制邑分封给共叔段。庄公说："制邑是个险峻之地，虢叔就死在那里。其他城邑我都可以遵照您的吩咐。"武姜又请求将京城封给共叔段，庄公让他住在那里，称之为京城太叔。祭仲说："封邑的城墙如果超过三百丈，就将成为国家的祸患。先王的制度规定：大的城邑不超过国都的三分之一；中等的不超过五分之一；小的不超过九分之一。现在京城的城墙不合先王的规定，这是不应该的，您会控制不住的。"庄公说："武姜想要如此，我怎么能避开这种祸患呢？"祭仲回答说："武姜哪里有满足的时候！不如及早对共叔段做出处置，别让祸根蔓延，一旦蔓延开来就很难掌握了。蔓延的野草还不能铲除干净，何况他是您受宠的弟弟呢？"

庄公说："做多了不合道义之事，必定会自取灭亡。

多行不义必自毙

您姑且等着瞧吧。"

　　不久，太叔让西部和北部边境的臣民在听命于庄公的同时也听命于自己。公子吕说："国家不允许土地有两属，您打算怎么处理这件事？如果您打算让位于太叔，那么我就去事奉他；如果不是，那就请您铲除他，不要让百姓产生二心。"庄公说："不必，他自会遭到上天的惩罚。"

　　太叔又将两属的边邑改为自己管辖，一直扩展到廪延。子封（即公子吕）说："可以采取行动了！土地扩大了，他就会得到老百姓的支持。"庄公说："多行不义之事，别人不会亲近他，土地虽然扩大了，他还是会自食其果的。"

　　太叔修筑城池，招徕百姓，修整铠甲兵器，扩充步兵战车，将要偷袭郑国都城。武姜打算开城门做内应。庄公探听到偷袭的时间，说："可以反击了。"庄公命子封率二百乘战车来讨伐京城。京城的百姓背叛了太叔段，太叔

于是逃到鄢地。庄公又派兵追击到鄢地。五月二十三日，太叔逃到了共国。

庄公于是把武姜安置到城颍，并立下誓言："不到黄泉，永远不见面！"事后，庄公又后悔不已。颍考叔是当时管理颍谷边境的官员。他听说了这件事后，就送了一些礼物给庄公。庄公赐给他食物，他却把肉放在一边不吃。庄公询问原因，他说："我家里有母亲，我孝敬的饭菜她都吃过了，只是君王赐的肉羹，她还没有尝过。请允许我拿给她吃。"庄公说："你有母亲可以送东西尽孝道，我却没有！"颍考叔说："冒昧问一下，您说这话是什么意思？"庄公把事情的原原本本告诉了他，并说自己已经后悔了。颍考叔回答说："您何必为此发愁呢？如果掘地挖到泉水，凿一条地道去见面，谁又能说您不遵守誓言呢？"庄公照着颍考叔的话开凿了地道。庄公进了地道，赋诗说："隧道之中母子相见，心中多么快乐！"武姜走出地道，赋诗说："隧道之外母子相见，多么快乐！"于是，母子和好如初。

君子说："颍考叔真是一个大孝子。爱自己的母亲，还去影响了郑庄公。《诗经》里说：'孝子德行无穷，永远可以影响同类的人。'赞美的大概就是这样的事吧。"

言不由衷（隐公三年）

【原文】 ……………………………………………………

……

君子曰："信不由中，质无益也。明恕而行，要之以礼，虽无有质，谁能间之？苟有明信，涧溪沼沚之毛，苹蘩蕴藻之菜，筐筥锜釜之器，潢污行潦之水，可荐于鬼神，

可羞于王公，而况君子结二国之信。行之以礼，又焉用质？《风》有《采蘩》《采苹》，《雅》有《行苇》《泂酌》，昭忠信也。"

┈┈┈┈┈┈

　　君子说："信任不是出自真心，即使互派质子也没有用。如果依照忠恕之道来做事，又以礼仪约束行为，即使没有质子，又有什么人能挑拨他们之间的关系呢？如果行事光明磊落，即使是山涧、小溪、沼泽、水渚上的野草、浮萍、白蒿、蕴、藻之类的野菜，筐、筥、锜、釜之类的器具，大大小小的积水，都可用来祭祀鬼神、进献王公；何况君子结成两国之间的信任，以礼处事？《国风》中有《采蘩》《采苹》，《大雅》中有《行苇》《泂酌》，都是申明忠信之道的。"

言不由衷

桓公

怀璧其罪（桓公十年）

【原文】

初，虞叔有玉，虞公求旃。弗献。既而悔之。曰："周谚有之：'匹夫无罪，怀璧其罪。'吾焉用此，其以贾害也？"乃献。又求其宝剑。叔曰："是无厌也。无厌，将及我。"遂伐虞公，故虞公出奔共池。

【译文】

起初，虞公的弟弟虞叔有一块宝玉，虞公向他索要。虞叔不肯将宝玉献给虞公。但他不久就后悔了。他说道："周朝有句谚语：'一般人是没有罪过的，但身藏宝玉本身就是罪过。'我哪会用得着宝玉，难道是要用它买来灾祸？"于是，虞叔就把宝玉献给了虞公。后来，虞公又要求虞叔进献宝剑。虞叔说："这是贪得无厌啊！贪得无厌，灾祸就会降临到我身上。"虞叔于是讨伐虞公，虞公逃到共池。

曹刿论战（庄公十年）

【原文】

　　十年春，齐师伐我。公将战，曹刿请见。其乡人曰："肉食者谋之，又何间焉。"刿曰："肉食者鄙，未能远谋。"乃入见。问何以战。公曰："衣食所安，弗敢专也，必以分人。"对曰："小惠未遍，民弗从也。"公曰："牺牲玉帛，弗敢加也，必以信。"对曰："小信未孚，神弗福也。"公曰："小大之狱，虽不能察，必以情。"对曰："忠之属也，可以一战，战则请从。"

　　公与之乘。战于长勺。公将鼓之。刿曰；"未可。"齐人三鼓，刿曰："可矣。"齐师败绩。公将驰之。刿曰："未可。"下，视其辙，登轼而望之，曰："可矣。"遂逐齐师。

　　既克，公问其故。对曰："夫战，勇气也，一鼓作气，再而衰，三而竭。彼竭我盈，故克之。夫大国难测也，惧有伏焉。吾视其辙乱，望其旗靡，故逐之。"

【译文】

　　鲁庄公十年春，齐国派兵攻打我国。庄公打算亲自率军迎战。曹刿请求拜见庄公。他的同乡说："这是权贵们要谋划的事情，你又何必介入呢？"曹刿说："权贵们见识浅陋，不能够深谋远虑。"于是进宫去见庄公。曹刿问："您依靠什么与齐国交战？"庄公说："吃穿之类安身的东西，我绝不敢独享，必定要分给别人。"曹刿回答

说："这只是小恩小惠，很难遍及民众，百姓是不会跟随您作战的。"庄公说："祭祀用的牲畜、宝玉、丝绸等，我从来不

一鼓作气

敢夸大，必定如实向神明进献。"曹刿回答说："这种小诚信不足以使神明信服，神明是不会赐福的。"庄公说："大大小小的官司案件，虽然不能一一审查，但必定合乎情理地去处理。"曹刿回答说："这是您的职责所在，可以依靠这个与齐国作战。作战的时候，请让我跟着您。"

庄公和曹刿乘坐同一辆战车，在长勺与齐军作战。庄公正想击鼓进军，曹刿说："不可以。"齐军已经击了三遍鼓。曹刿说："可以击鼓进军了。"齐军溃败，庄公正想下令追击。曹刿说："还不行。"说完曹刿下车仔细察看了齐军战车的辙印，然后登上车前的横木眺望，才说道："可以追击了。"于是，开始追击齐军。

已经打败了齐军，庄公询问取胜的原因。曹刿回答说："作战时勇气最为重要。第一遍击鼓可以激励士气，第二遍击鼓士气就已经低落，第三遍时士气已经没有了。他们的士气已经没有了而我军的士气刚刚被激励起来，所以打败了他们。大国用兵变化莫测，我担心沿途有埋伏。后来，我发现他们车子的辙印混乱，远望发现他们的军旗也已经倒下了，所以去追击他们。"

楚庄王问鼎（宣公三年）

【原文】

　　楚子伐陆浑之戎，遂至于洛，观兵于周疆。定王使王孙满劳楚子。楚子问鼎之大小轻重焉。对曰："在德不在鼎。昔夏之方有德也，远方图物，贡金九牧，铸鼎象物，百物而为之备，使民知神、奸。故民入川泽山林，不逢不若。螭魅罔两，莫能逢之，用能协于上下，以承天休。桀有昏德，鼎迁于商，载祀六百。商纣暴虐，鼎迁于周。德之休明，虽小，重也。其奸回昏乱，虽大，轻也。天祚明德，有所底止。成王定鼎于郏鄏，卜世三十，卜年七百，天所命也。周德虽衰，天命未改，鼎之轻重，未可问也。"

【译文】

　　楚庄王讨伐陆浑的西北少数民族，一直到达洛水，并在周朝境内耀武扬威。周定王派王孙满慰劳楚庄王。楚庄王问起了九鼎之事。王孙满回答说："鼎的价值在于德行而不在于大小、轻重。夏朝有德之君在位时，曾命人把远方的各种怪异之物绘画出来，并用九州朝贡的金属铸成九鼎，将所画的各种物象铸在鼎上。鼎上百物齐备，以向百姓明示哪些是神圣之物，哪些是邪恶之物。这样，百姓出入山林川泽，就不会碰到不驯服的恶物，也不会碰到山精水怪。于是，能使君民和睦，共享天之福祉。到夏桀时，因他昏乱无德，九鼎迁到了商朝，并达六百年之久。商纣

五经

残暴，九鼎又迁到了周朝。德行如果美好仁善，九鼎虽小，也重到不能迁走；如果昏庸暴虐，九鼎再大，也轻得可以迁走。上天赐福给有光明德行的人，是有年限的。成王将九鼎安放在郏鄏时，曾卜卦预言周朝将传国三十代，治国七百年，这是天意。周朝的德行虽已衰退，但天命未改。九鼎的轻重，是不可以询问的。"

有备无患（襄公十一年）

【原文】

晋侯以乐之半赐魏绛，曰："子教寡人和诸戎狄，以正诸华。八年之中，九合诸侯，如乐之和，无所不谐。请与子乐之。"辞曰："夫和戎狄，国之福也；八年之中，九合诸侯，诸侯无慝，君之灵也，二三子之劳也，臣何力之有焉？抑臣愿君安其乐而思其终也！《诗》曰：'乐只君子，殿天子之邦。乐只君子，福禄攸同。便蕃左右，亦是帅从。'夫乐以安德，义以处之，礼以行之，信以守之，仁以厉之，而后可以殿邦国，同福禄，来远人，所谓乐也。《书》曰：'居安思危。'思则有备，有备无患，敢以此规。"公曰："子之教，敢不承命。抑微子，寡人无以待戎，不能济河。夫赏，国之典也，藏在盟府，不可废也，子其受之！"魏绛于是乎始有金石之乐，礼也。

【译文】

晋悼公把郑国赠送的乐器和乐队的一半赏赐给魏绛，说："你帮助我同各戎狄部落求和，我这才得以整治中原各国，八年之中曾九次会盟各诸侯，就像乐律那样和谐，没有不协调的。愿与你共同分享成果。"魏绛辞谢说："能和戎狄，这是国家之福；八年之中，九次会盟诸侯，诸侯听从，这是君王的神威和众臣的功勋所致，我没有出什么力。我祈愿君王在享受欢乐的同时也考虑到长远。

《诗》说：'欢乐啊君子，安天子之邦。欢乐啊君子，与别人分享荣耀。整治好属国，使他们顺服。'德行要用乐音来强化，用仁义来应付，用礼仪来推动，用信义来守护，用慈善来鼓舞，具备这些才可以稳固邦国、共享荣耀，能使远方之人臣服，这是所谓的欢乐。《尚书》中说：'虽然处在安定的环境里，也要时刻思虑可能出现的危险。'思虑则有所戒备，有所戒备则没有后患，我冒昧以此劝谏君王。"晋悼公说："你的指教，我怎么能不接受呢？如果没有你，我怎么能与戎人和解，并渡过黄河？恩赏，是国家规制，保存在盟府里，不可以废止。你就收下吧。"魏绛于是有了金石乐器，这是合乎礼制的。

马首是瞻（襄公十四年）

【原文】

夏，诸侯之大夫从晋侯伐秦，以报栎之役也。晋侯待于竟，使六卿帅诸侯之师以进。及泾，不济。叔向见叔孙穆子。穆子赋《匏有苦叶》。叔向退而具舟，鲁人、莒人先济。郑子蟜见卫北宫懿子曰："与人而不固，取恶莫甚焉！若社稷何？"懿子说。二子见诸侯之师而劝之济，济泾而次。秦人毒泾上流，师人多死。郑司马子蟜帅郑师以进，师皆从之，至于棫林，不获成焉。荀偃令曰："鸡鸣而驾，塞井夷灶，唯余马首是瞻！"栾黡曰："晋国之命，未是有也。余马首欲东。"乃归。下军从之。左史谓魏庄子曰："不待中行伯乎？"庄子曰："夫子命从帅。栾伯，吾帅也，吾将从之。从帅，所以待夫子也。"伯游曰："吾令实过，悔之何及，多遗秦禽。"乃命大还。晋人谓之迁延之役。

　　夏季，为报栎之役中秦打败晋的仇，晋悼公发兵攻秦，各诸侯国的六位大夫也都领兵跟随晋国。晋悼公等候在边境，命各诸侯率诸侯之师前进。抵达泾水时，诸侯军队不想渡河。晋国的叔向与叔孙穆子相见，穆子作了一首《匏有苦叶》。叔向回到晋营后就筹备渡船，鲁人、莒人率先渡河。郑国子蟜见到卫国北宫懿子，说："依附别人又表里不一，这最令人憎恶了。这样，怎么保国？"北宫懿子很赞同他的话。于是，二人便规劝诸侯军队渡河。诸侯军队全部渡过河后，驻军在泾水边。秦军在泾水上游投毒，致使诸侯军队中大部分人被毒死。子蟜率领郑军前行，其他诸侯也都率兵跟随，抵达棫林，还不能制服秦军。荀偃下令说："鸡叫的时候就出发，走的时候把水井填埋把灶台毁坏，看着我马头的方向来决定进退。"栾黡说："晋国之命，从未如此专断。我的马头要朝向东方。"于是栾黡趋马行向东方回国。下军也紧随其后。左史问魏庄子："不等中行伯吗？"魏庄子说："他让我听命于主帅。栾黡是我的主帅，我将跟从他。听从主将之命，才是服从了中行伯的吩咐。"荀偃说："我的这个指令确实有错，可是悔恨也无济于事，留下来只能被秦国擒获。"于是，下令诸侯军队全部撤军。晋国人称这次出兵为"后退之战"。

举棋不定（襄公二十五年）

　　卫献公自夷仪使与宁喜言，宁喜许之。大叔文子闻之，曰："乌乎！《诗经》中所谓'我躬不说，皇恤我后'者，

宁子可谓不恤其后矣。将可乎哉？殆必不可。君子之行，思其终也，思其复也。《尚书》曰：'慎始而敬终，终以不困。'《诗经》曰：'夙夜匪解，以事一人。'今宁子视君不如弈棋，其何以免乎？弈者举棋不定，不胜其耦。而况置君而弗定乎？必不免矣。九世之卿族，一举而灭之。可哀也哉！"

【译文】

　　卫献公在夷仪派人去跟宁喜商议复位之事，宁喜答应了。太叔文子听说了，说："啊！《诗》所谓'我尚且不能被人接受，如何顾及子孙后世呢？'宁子可算是不顾及后人了。这样行吗？恐怕不行。君子行事，要考虑后果，考虑以后再做。《书》说：'开始做事情时谨慎小心，并始终毫不怠慢，就不会遭受窘迫之患。'《诗》说：'日夜辛劳、勤奋不懈，来为一个人做事。'如今宁子对待国君还不如下棋谨慎，怎么可能免遭祸患呢？下棋的人犹豫不决，就不能赢对手，更何况在安排国君时优柔寡断呢？他一定会遭受祸患。九代的卿族，因为他的一次错误决定而覆灭，太悲哀了！"

上下其手（襄公二十六年）

【原文】

　　楚子、秦人侵吴，及雩娄，闻吴有备而还，遂侵郑。五月，至于城麇。郑皇颉戍之，出，与楚师战，败。穿封戌囚皇颉，公子围与之争之。正于伯州犁，伯州犁曰："请问于囚。"乃立囚。伯州犁曰："所争，君子也，其何不知？"上其手，曰："夫子为王子围，寡君之贵介弟也。"下其手，曰："此

子为穿封戌，方城外之县尹也。谁获子？"囚曰："颉遇
王子，弱焉。"戌怒，抽戈逐王子围，弗及。楚人以皇颉归。

【译文】

　　楚康王与秦国人联手攻打吴国，抵达雩娄后，听说
吴国早有防备就退兵，接着就改攻郑国。五月，进入了
郑国的城麇。防守城麇的是郑国的皇颉，他率军出城，与
楚师交战，大败，并被楚国穿封戌擒获。公子围与穿封
戌抢功，请来伯州犁评判。伯州犁说："问问皇颉就知道
了。"于是，把皇颉押了上来。伯州犁说："他们的争论
因你而起，你是君子，没什么不知道的。"于是，伯州犁
高举起手指着公子围说："这是王子围，是我国国君高贵
的弟弟。"又放低手指着穿封戌说："这是穿封戌，方城
外一县的长官。你是被谁擒获的？"皇颉说："我遇到王
子，败在了他的手下。"穿封戌十分生气，操起戈追逐王
子围，没追上。楚国人带着皇颉回国了。

宾至如归（襄公三十一年）

【原文】

　　公薨之月，子产相郑伯以如晋。晋侯以我丧故，未之
见也。子产使尽坏其馆之垣而纳车马焉。士文伯让之，曰："敝
邑以政刑之不修，寇盗充斥，无若诸侯之属辱在寡君者何？
是以令吏人完客所馆，高其闬闳，厚其墙垣，以无忧客使。
今吾子坏之，虽从者能戒，其若异客何？以敝邑之为盟主，
缮完葺墙，以待宾客，若皆毁之，其何以共命？寡君使匄
请命。"

　　对曰："以敝邑褊小，介于大国，诛求无时，是以不

敢宁居，悉索敝赋，以来会时事。逢执之不间，而未得见，又不获闻命，未知见时，不敢输币，亦不敢暴露。其输之，则君之府实也，非荐陈之，不敢输也。其暴露之，则恐燥湿之不时而朽蠹，以重敝邑之罪。侨闻文公之为盟主也，宫室卑庳，无观台榭，以崇大诸侯之馆。馆如公寝，库厩缮修，司空以时平易道路，圬人以时塓馆宫室。诸侯宾至，甸设庭燎，仆人巡宫，车马有所，宾从有代，巾车脂辖，隶人牧圉，各瞻其事，百官之属，各展其物。公不留宾，而亦无废事，忧乐同之，事则巡之，教其不知，而恤其不足。宾至如归，无宁灾患？不畏寇盗，而亦不患燥湿。今铜鞮之宫数里，而诸侯舍于隶人。门不容车，而不可逾越。盗贼公行，而天厉不戒。宾见无时，命不可知。若又勿坏，是无所藏币，以重罪也。敢请执事，将何以命之？虽君之有鲁丧，亦敝邑之忧也。若获荐币，修垣而行，君之惠也，敢惮勤劳？"

文伯复命，赵文子曰："信！我实不德，而以隶人之垣以赢诸侯，是吾罪也。"使士文伯谢不敏焉。晋侯见郑伯，有加礼，厚其宴好而归之。乃筑诸侯之馆。

【译文】

鲁襄公去世的那个月，子产陪伴郑简公前往晋国。晋平公因为鲁国有丧，而不会见他们。子产让人拆除了晋国馆舍外边的墙垣，用以安置车马。晋国士文伯匆斥责道："我国因为政治和刑法不完备，以至寇盗泛滥。为了使前来朝见我国国君的诸侯臣子免遭损害，君王下令官员修葺馆舍，增高大门、增厚墙垣，免除宾客的忧虑。如今您将它拆除，即便您的侍从能自卫，那么其他国家的宾客怎么

宾至如归

办？因我国是诸侯盟会的主持者，修筑墙垣，是为了迎接来宾，若全部拆除，如何能满足来宾的需求？我国国君派我询问您毁墙的原因。"

　　子产回答说："因我国地域狭窄，并介于大国之间，大国索求物品时日不定，所以不敢贪享安逸，全力搜集财物，以便于按时进献。正赶上官员没有闲暇，而未得进献；又没有得到君王之命，不知何时进见。不敢冒昧进献财物，也不敢任其日晒雨淋。若进献，这些将成为贵国国库之物。不在庭院里举行摆列的典礼，我们不敢进奉。若这些物品遭受日晒雨淋，则恐怕它们因干燥或湿润而腐烂，从而降罪于我国。我听说晋文公主持诸侯盟会时，他的宫室低矮，没有楼台等建筑物以供眺望，却把招待诸侯的馆舍造得高大宽敞，如同现在君王的宫室；馆舍的仓

库、马棚都加以修整,司空依时修整道路,瓦工按时粉饰馆壁。诸侯来宾到达时,甸人点火照明,仆人巡守馆舍,车马有所放,宾客的侍从有人接替,管车者给车轴上油,清扫的人、放羊的牧人、管马的人,各尽其职。各级官员各自掌管自己的物品。文公从不耽误来宾,却从未因此而疏废事务。文公与宾客同喜同忧,有灾难就抚恤他;指教来宾所不了解的,并对其不周密的地方给予谅解。客人来到这里就像回到自己家里一样,哪里还会有什么祸乱?不用担心贼盗偷窃,也不用担心贡品遭受风吹雨打。如今,贵国铜鞮宫的宫殿蜿蜒数里,而诸侯来宾却如同居住在奴仆的房子里。大门不能行车,又不可翻越。盗贼当众抢劫,而疾患又无法预防。客人进见君王的时间不定,君王会见之令也不知何时下达。若不拆除围墙,财物将无处安放,这会增加罪责。请问您,这些问题您怎么办?尽管贵君有鲁国之丧,我国也一样为此忧心。若能献上礼品,我们将修葺墙垣,然后辞行。这就是贵国君对我们的恩宠,哪里敢害怕辛劳?"

文伯回朝复命,赵文子说:"确实如此。实在是我们失礼,以奴仆的居所招待诸侯宾客,是我们不对啊。"于是,赵文子派士文伯去致歉,说自己不对。晋平公会见了郑简公,礼节周全,还举行了盛大的仪式,馈赠厚礼,然后才让他们回国。之后,晋平公修筑了招待诸侯宾客的馆舍。

多难兴邦（昭公四年）

【原文】

四年春，王正月，许男如楚，楚子止之，遂止郑伯，复田江南，许男与焉。使椒举如晋求诸侯，二君待之。椒举致命曰："寡君使举曰：'日君有惠，赐盟于宋，曰：晋、楚之从，交相见也。以岁之不易，寡人愿结欢于二三君。'使举请间。君若苟无四方之虞，则愿假宠以请于诸侯。"

晋侯欲勿许。司马侯曰："不可。楚王方侈，天或者欲逞其心，以厚其毒而降之罚，未可知也。其使能终，亦未可知也。晋、楚唯天所相，不可与争。君其许之，而修德以待其归。若归于德，吾犹将事之，况诸侯乎？若适淫虐，楚将弃之，吾又谁与争？"曰："晋有三不殆，其何敌之有？国险而多马，齐、楚多难。有是三者，何乡而不济？"对曰："恃险与马，而虞邻国之难，是三殆也。四岳、三涂、阳城、大室、荆山、中南，九州之险也，是不一姓。冀之北土，马之所生，无兴国焉。恃险与马，不可以为固也，从古以然。是以先王务修德音以亨神人，不闻其务险与马也。邻国之难，不可虞也。或多难以固其国，启其疆土；或无难以丧其国，失其守宇。若何虞难？齐有仲孙之难而获桓公，至今赖之。晋有里、丕之难而获文公，是以为盟主。卫、邢无难，敌亦丧之。故人之难，不可虞也。恃此三者，而不修政德，亡于不暇，又何能济？君其许之！纣作淫虐，文王惠和，殷是以陨，周是以兴，夫岂争诸侯？"乃许楚使。使叔向对曰："寡君有社稷之事，是以不获春秋时见。诸侯，君实有之，何辱命焉？"

【译文】 :::

　　四年春天，周历的正月，许悼公来到楚国，楚灵王挽留他和郑简公，又去江南狩猎，许悼公答应了。楚灵王让椒举出使晋国，以征得诸侯的拥戴，郑简公、许悼公在楚国等候。椒举来到晋国，转达楚灵王之命，说："我国国君让我说：'以往承蒙贵君恩泽，允许我国在宋国会盟，说：昔日跟随晋、楚之国，相互进见。因这几年楚国祸乱不断，我希望赢得各位国君的好感，我国君特命椒举前来恳请您能抽出一些闲暇听听我的乞求。如果您国境之内没有祸患，那么就期望借由您的恩宠向诸侯请愿。"

　　晋平公不想答应。司马侯说："不可以。楚王此时有些肆意妄为，有可能是上天故意放纵他的欲望，来加重他的罪责，从而降罚给他，这也说不定。也有可能是上天想让他长久兴盛，这也说不定。晋、楚的功业要依靠天助，是不能相互夺取的。君王不如答应他，修炼品德等候这事的结果。如果他的行为顺乎德，我们就顺服他，更不用说其他诸侯了。如果他奢淫腐化，楚国将背弃他，我们又何须争夺？"晋平公说："晋国有三点能免遭灾害，这样就没人能和我们抗衡了。国家地势险峻又盛产马匹，而齐、楚多灾难。有了这三点，还怕什么呢？"司马侯说："依仗地势与马匹，而对邻国落井下石，是三个危害。四岳、三涂、阳城、大室、荆山、中南，是九州之险地，却并未被一姓所统治。冀地以北，是马的繁衍之地，却没有兴起新国。倚仗地势之险与马匹之多，不能使国家稳固，这是自古以来的道理。所以，历来的国君都注重修炼品德，来维系人与神的和好关系，从未听说专注于地势之险与马匹之多的。对于邻国的祸难，不可幸灾乐祸。有的国家会因多灾多难而得以稳固，开疆扩土；有的国家虽然没有灾

五·经

一四七

难，却灭亡，失去了领土。怎能以邻国的祸难为依靠呢？齐国因为仲孙之难，而使桓公称霸，至今还受其德泽。晋国有里克、丕郑之难而使文公复位，并成为盟主。卫国、邢国没有灾难，却被敌国灭亡。所以说，不能因为别人的灾难而庆幸。如果依靠这三点，而不去昌明内政和修明仁德，拯救灭亡尚且还不够，又如何能成就功业呢？君王还是答应他们的要求吧。商纣王荒淫残暴，文王仁爱和善，殷朝正是因此而亡，周朝也正是因此而兴盛，这难道是依靠抢夺诸侯得来的吗？”于是，晋平公答应了楚国的要求。他让叔向回答楚国使者，说：“我国国君因政务繁忙，不能在春秋两季及时朝见。而各诸侯本来就跟从贵国君，哪里还需要重新下达命令呢？”

尾大不掉（昭公十一年）

【原文】

楚子城陈、蔡、不羹。使弃疾为蔡公。王问于申无宇曰：“弃疾在蔡，何如？”对曰：“择子莫如父，择臣莫如君。郑庄公城栎而置子元焉，使昭公不立。齐桓公城谷而置管仲焉，至于今赖之。臣闻五大不在边，五细不在庭。亲不在外，羁不在内，今弃疾在外，郑丹在内。君其少戒。”王曰：“国有大城，何如？”对曰：“郑京、栎实杀曼伯，宋萧、亳实杀子游，齐渠丘实杀无知，卫蒲、戚实出献公，若由是观之，则害于国。末大必折，尾大不掉，君所知也。”

【译文】

楚灵王修建陈、蔡、不羹的城墙，并任命弃疾为蔡公。楚灵王问申无宇：“弃疾在蔡地如何？”申无宇回答说：“挑选儿子没有比父亲更恰当的，挑选臣子没有比君

王更恰当的。郑庄公修筑栎城安顿子元，使昭公不能稳做国君。齐桓公修筑谷城安顿管仲，至今齐国受益。我听说，五种大人物不能安排去边疆，五种小人物不能安排在朝野。亲近者不在外，借居者不在内，如今弃疾在外，郑丹在内。君王一定要防范啊！"楚灵王说："国家内有非常大的城市，怎么办呢？"申无宇说："在郑国的京邑、栎邑，曼伯被杀；在宋国的萧邑、亳邑，子游被杀；在齐国的渠丘，无知被杀；在卫国的蒲邑、戚邑，卫献公被驱逐。如此看来，过大的城市对国都来说是有害的。树枝长得太大，必定被折断；尾巴太长，就不能摆动了，这是君王应该了解的。"

数典忘祖（昭公十五年）

【原文】

十二月，晋荀跞如周，葬穆后，籍谈为介。既葬，除丧，以文伯宴，樽以鲁壶。王曰："伯氏，诸侯皆有以镇抚室，晋独无有，何也？"文伯揖籍谈，对曰："诸侯之封也，皆受明器于王室，以镇抚其社稷，故能荐彝器于王。晋居深山，戎狄之与邻，而远于王室。王灵不及，拜戎不暇，其何以献器？"王曰："叔氏，而忘诸乎？叔父唐叔，成王之母弟也，其反无分乎？密须之鼓，与其大路，文所以大蒐也。阙巩之甲，武所以克商也。唐叔受之以处参虚，匡有戎狄。其后襄之二路，鏚钺，秬鬯，彤弓，虎贲，文公受之，以有南阳之田，抚征东夏，非分而何？夫有勋而不废，有绩而载，奉之以土田，抚之以彝器，旌之以车服，明之以文章，子孙不忘，所谓福也。福祚之不登，叔父焉在？且昔而高祖孙伯黡，司晋之典籍，以为大政，故曰籍氏。及辛有之二子董之晋，于是乎有董史。女，司典之后也，何故忘之？"籍谈不能对。宾出，王曰："籍父其无后乎！数典而忘其祖。"

十二月，晋国荀跞去往周都，埋葬穆后，籍谈任副使。葬礼结束后，更换了孝服，周景王与文伯宴饮，将鲁国进献的壶当酒樽。景王说："女伯，诸侯都向我朝进献器具，为何只有晋国没有进献？"荀跞向籍谈拱手让他回答，籍谈说："诸侯受封时，都得到了君王所赐的礼器宝物，用以镇国安邦，所以能够经常向君王进奉一些青铜祭器。晋国地处深山之中，与戎狄接邻，而远隔王室，君王的风化难以到达，晋国专注于侍奉戎狄，哪里能顾得上进献礼器。"景王说："籍谈，你不记得了吗？叔父唐叔与成王是一奶同胞，不会没有得到我朝恩赏的礼器。密须国的鼓及其大辂车，文王用以阅兵。阙巩国的盔甲，武王用以伐商。唐叔得到了赏赐，却凭此居住在晋国的领地，与戎狄共处。后来，文公接收了襄王赏赐的大辂、戎辂的兵车，斧钺、黑黍的美酒以及弓和猛士，从而守护了南阳之田，安置和征讨了东边国家，难道这还能说没有得到恩赏吗？有了功劳而不废止，将功绩载入史书，用田地来供养他，用礼器来镇抚他，用车和礼服来奖赏他，用旌旗来标榜他，使子孙后世都铭记，这就是恩泽。这些恩泽没有降在你身上，又降在了谁身上？而且昔日，你的高祖孙伯黡执掌晋国文献，操持国政，称为籍氏。直到辛有的次子辛董来到晋国，才有了董姓史官。你是史官的后代，怎么把这些全忘了呢？"籍谈无言以对。他退出去以后，周景王说："籍谈的后世怕是不能享有禄爵了！数说历来的制度、事迹，却把自己祖先的职守都忘了。"

以小人之心度君子之腹（昭公二十八年）

【原文】

冬，梗阳人有狱，魏戊不能断，以狱上。其大宗赂以女乐，魏子将受之。魏戊谓阎没、女宽曰："主以不贿闻于诸侯，若受梗阳人，贿莫甚焉。吾子必谏。"皆许诺。退朝，待于庭。馈人，召之。比置，三叹。既食，使坐。魏子曰："吾闻诸伯叔，谚曰：'唯食忘忧。'吾子置食之间三叹，何也？"同辞而对曰："或赐二小人酒，不夕食。馈之始至，恐其不足，是以叹。中置，自咎曰：'岂将军食之，而有不足？'是以再叹。及馈之毕，愿以小人之腹为君子之心，属厌而已。"献子辞梗阳人。

【译文】

冬季，梗阳人有官司，魏戊难以断案，就把案件呈交给了魏献子。梗阳人想把一个歌女送给魏献子，以此来贿赂他，魏献子打算接受。魏戊对阎没、女宽说："主人因为从不接收别人的钱财礼物而享誉诸侯，若接收梗阳人的歌女，这将是最大的受贿。你们要一定劝诫他。"二人答应了。魏献子上朝回来，二人站在庭中等候。侍从送来饭菜，魏献子召请他们两人一起吃饭。直到饭菜齐备，两个人先后叹了三次气。吃完饭，魏献子请他们坐下，并问起此事，说："我听说过这么一句谚语，说：'吃饭的时候可以忘记忧虑。'你们在吃饭的时候为什么长吁短叹呢？"二人不约而同地说："昨天有人赠酒给我们，可是我们没有喝。饭菜刚送上来的时候，因为担心不够吃，所以叹息。饭菜上到一半时，不禁自责：'主人赐我们吃饭，怎么会不够吃呢？'因此又一次叹息。等到饭菜上完时，我们希望自己的肚子能像君子的心思一样，刚好吃饱就满足。"魏献子因此推辞了梗阳人的贿赂。

哀公

食言而肥（哀公二十五年）

【原文】

六月，公至自越。季康子、孟武伯逆于五梧。郭重仆，见二子，曰："恶言多矣，君请尽之。"公宴于五梧，武伯为祝，恶郭重，曰："何肥也！"季孙曰："请饮彘也。以鲁国之密迩仇雠，臣是以不获从君，克免于大行，又谓重也肥。"公曰："是食言多矣，能无肥乎？"饮酒不乐，公与大夫始有恶。

【译文】

六月，哀公从越国回来，大夫季康子、孟武伯在五梧迎候。当时，郭重为哀公驾车，看到他们二人，就对哀公说："他们背后说了很多诋毁您的坏话，您一定要当面质问他们！"哀公在五梧宴请大夫，武伯因为厌恶郭重，就一边敬酒，一边取笑说："你怎么长得这么肥胖？"

季康子说："武伯该受罚吃肉！因为我国接邻敌国，我们不能陪同君王同行，从而不能参加这次远行，武伯你却觉得在外奔劳的郭重肥胖。"哀公说："这人多次食言，能不肥胖吗？"这次饮酒，君臣都不高兴，从此，鲁哀公和大夫之间开始彼此憎恨。

书 目